名师名校名校长

凝聚名师共识
回应名师关怀
打造名师品牌
培育名师群体

"三新"背景下

高中数学

教学实践研究

徐　勇 / 主编

西安出版社

图书在版编目（CIP）数据

"三新"背景下高中数学教学实践研究 / 徐勇主编.

西安：西安出版社，2024. 6. — ISBN 978-7-5541-

7567-5

I . G633.602

中国国家版本馆CIP数据核字第2024J205M5号

"三新"背景下高中数学教学实践研究

SANXIN BEIJING XIA GAOZHONG SHUXUE JIAOXUE SHIJIAN YANJIU

出版发行：西安出版社

社　　址：西安市曲江新区雁南五路 1868 号影视演艺大厦 11 层

电　　话：（029）85264440

邮政编码：710061

印　　刷：北京政采印刷服务有限公司

开　　本：787mm×1092mm　1 / 16

印　　张：14.5

字　　数：223千字

版　　次：2025 年 3 月第 1 版

印　　次：2025 年 3 月第 1 次印刷

书　　号：ISBN 978-7-5541-7567-5

定　　价：58.00 元

△本书如有缺页、误装等印刷质量问题，请与当地销售商联系调换。

编 委 会

————

序 言

在新一轮基础教育课程改革中，"核心素养"和"高考评价体系"是老师们迎接课堂转型挑战的永恒话题。核心素养的概念不是凭空捏造的，它是指学生借助学校教育所形成的解决问题的素养与能力。学科教学的根本诉求不是单纯知识点的堆积，而是学科的素养和能力。

我认为准备一堂"好课"须紧扣素养、基于学情、用好教材、关注时代需求，当然也应关注课程标准和高考评价体系中对知识、能力和素养等的考查要求。要实现课堂转型，离不开老师们对学生、教材、学科核心素养和高考评价体系的精研细琢，更离不开研修团队的精诚合作和集体研修。

本书是我们四川省绵阳南山中学高中 2022 级数学备课组教研团队在新课程、新课标、新教材（简称"三新"）背景下，基于数学核心素养编写的教材教法实践研修校本读物；本书从核心素养立意下的教材教法、高考评价、实践案例和教学随想四个维度梳理了他们研究新高考和新教材的理论成果；本书的编写体例和研修团队设置值得我们借鉴。

教师在教学中培育学生"学科素养"或"学科能力"的切入点是什么？我认为我们需关注学科的独特性和层级化。独特性是指体现学科自身的本质特征，如数学学科中的数学思维与数学模型的建构。层级化是指基于兴趣、动机、态度、思考力、判断力、表达力、观察技能、实验技能等维度，根据知识及其背后的价值观将学科教学目标按其权重形成序列，从而颠覆以知识点为中心的学科教学目标的设定。

教研团队如何基于实际组建研修团队，开展高效的研修活动，实现教师专业发展？我认为教师既是独立的个体，又是团体中的一员；教师这个职业需要不断成长，教师的专业化发展是一个过程；教师的成长不仅要靠自己努力，还要靠团队合作和集体研修。因此，高质量的教师队伍不仅需要每一位教师在集体中给自己定好位，还需要建设高质量的研修团队。

数学备课组在研修小组设置上采用老中青搭配，成员间相互依赖、优势互补，从而形成合力，将团队力量发挥到最大化。在研修主题划分上，尽可能根据各成员专长确定其研修任务，这样既满足了老师们的专业发展需要，又便于各模块深度研究。在研修内容确定上，各研修主题既有共同遵循的规则，又有差异和创新。

希望我们南山的老师们积极参与研修活动，制定满足自身需要的专业发展路径。希望我们南山的各教学研修团队在共同的目标下，关注个体特长，使成员们优势互补、乐于沟通、勇于担当，形成良好的团队文化和浓郁的教学研究氛围，推动南山高质量教研团队建设，实现教育高质量发展。

徐 勇

2023 年 9 月

目 录

上 篇　教材解读

第一章　"集合与逻辑"解读 …………………………………… 2

　　第一节　本章内容解读 ………………………………… 2

　　第二节　本章高考内容解读 …………………………… 7

　　第三节　学科素养背景下本章教学建议 ……………… 11

第二章　"一元二次函数、方程和不等式"解读 …………… 21

　　第一节　本章内容解读 ………………………………… 21

　　第二节　本章高考内容解读 …………………………… 30

　　第三节　学科素养背景下本章教学建议 ……………… 37

第三章　"函数的概念与性质"解读 ………………………… 46

　　第一节　本章内容解读 ………………………………… 46

　　第二节　本章高考内容解读 …………………………… 53

　　第三节　学科素养背景下本章教学建议 ……………… 57

第四章　"指数函数与对数函数"解读 ……………………… 68

　　第一节　本章内容解读 ………………………………… 68

　　第二节　本章高考内容解读 …………………………… 79

　　第三节　学科素养背景下本章教学建议 ……………… 88

第五章 "三角函数"解读 ···················· 95

第一节 本章内容解读 ···················· 95

第二节 本章高考内容解读 ···················· 102

第三节 学科素养背景下本章教学建议 ···················· 107

下 篇 案例思考

第六章 概念课系列 ···················· 118

"指数函数概念"教学设计 ···················· 118

"函数单调性"教学设计 ···················· 125

"弧度制"微课教学设计 ···················· 132

第七章 数学运算系列 ···················· 138

"三角函数诱导公式（一）"微课教学设计 ···················· 138

"对数函数"单元教学设计 ···················· 146

"椭圆及其标准方程"教学设计 ···················· 163

第八章 教学畅想 ···················· 171

留一方时空，换无限精彩 ···················· 171

基于大单元背景下函数单调性教学的一点思考 ···················· 177

浅析高中数学运算素养培养策略 ···················· 180

扎根四基四能 助推素养提升 ···················· 189

浅谈高中数学章起始课教学 ···················· 199

大单元教学观下章末复习课的设计路径及案例研究 ···················· 206

例谈高中数学"两头夹逼法"解题策略 ···················· 216

上 篇

教材解读

第一章

"集合与逻辑"解读

第一节　本章内容解读

一、知识框架

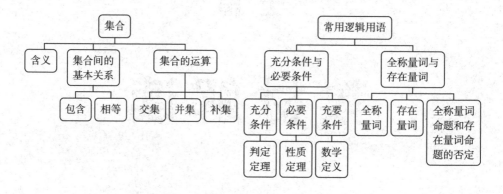

图 1-1

二、课标要求

本章包含 1.1 至 1.5 共五节内容，各节课标要求如下：

1.1 集合的概念

（1）通过实例，了解集合的含义，理解元素与集合的"属于"关系。

（2）针对具体问题，能在自然语言和图形语言的基础上，用符号语言刻画集合。

（3）在具体情境中，了解全集与空集的含义。

1.2 集合间的基本关系

理解集合之间包含与相等的含义，能识别给定集合的子集。

1.3 集合的基本运算

（1）理解两个集合的并集与交集的含义，能求两个集合的并集与交集。

（2）理解在给定集合中一个子集的补集的含义，能求给定子集的补集。

（3）能用 Venn 图表达集合的基本关系与基本运算，体会图形对理解抽象概念的作用。

1.4 充分条件与必要条件

（1）通过对典型数学命题的梳理，理解充分条件的意义，理解判定定理与充分条件的关系。

（2）通过对典型数学命题的梳理，理解必要条件的意义，理解性质定理与必要条件的关系。

（3）通过对典型数学命题的梳理，理解充要条件的意义，理解数学定义与充要条件的关系。

1.5 全称量词与存在量词

（1）通过已知的数学实例，理解全称量词与存在量词的含义。

（2）能正确使用全称量词对全称量词命题进行否定。

（3）能正确使用存在量词对存在量词命题进行否定。

三、课时设置

1.1 集合的概念约 1 课时。

1.2 集合间的基本关系约 1 课时。

1.3 集合的基本运算约 2 课时。

1.4 充分条件与必要条件约 2 课时。

1.5 全称量词与存在量词约 2 课时。

小结与习题课约 2 课时。

四、新、旧教材对比分析

（一）内容变化

（1）删减了命题及其关系（原命题、逆命题、否命题、逆否命题）。

（2）删减了简单的逻辑联结词（或、且、非）。

（3）增加了充分条件与判定定理的关系，必要条件与性质定理的关系，以及充要条件与定义的关系。

（4）常用逻辑用语由原来的选修内容调整为现在的必修内容。

（二）简易逻辑部分的课程变化

表 1 – 1

位置	旧教材	新教材
	选修	必修
目标	体会逻辑用语在表述和论证中的作用，利用这些逻辑用语准确地表达数学内容，更好地进行交流。	使用常用逻辑用语表达数学对象、进行数学推理，体会常用逻辑用语在表述数学内容和论证数学结论中的作用，提高交流的严谨性与准确性。
内容	逆命题、否命题与逆否命题；充分条件、必要条件、充要条件；逻辑联结词：或、且、非；全称量词与存在量词	充分条件、必要条件、充要条件；全称量词与存在量词

（三）具体内容对比

表 1 – 2

内容	旧教材	新教材
集合概念引入	在小学和初中，我们已经接触过一些集合，例如，自然数的集合，有理数的集合，不等式 $x - 7 < 3$ 的解的集合，到一个定点的距离等于定长的点的集合（即圆），到	在小学和初中，我们已经接触过一些集合，例如，自然数的集合，同一平面内到一个定点的距离等于定长的点的集合（即圆）等。为了更有效地使用集合语言，我们需要进一步了解集合的有关知

续 表

内容	旧教材	新教材
集合概念引入	一条线段的两个端点距离相等的点的集合（即这条线段的垂直平分线）…… 那么，集合的含义是什么呢? 我们再来看下面的一些例子：列举（1）～（8）八个例子	识。下面先从集合的含义开始。 看下面的例子：列举（1）～（6）六个例子

从新、旧版教材的集合概念的第 1 段来看，总体差别并不太大，但新教材描述更准确，内容也更精简，更具有育人价值。

表 1－3

内容	旧教材	新教材
集合概念叙述	依次给出"元素""集合""集合相等""属于""不属于"等数学概念。 思考：判断以下元素的全体是否组成集合，并说明理由： （1）大于 3 且小于 11 的偶数； （2）我国的小河流。	依次给出"元素""集合""集合相等""属于""不属于"等数学概念。 删去旧教材中的"思考"部分。

从新、旧教材的集合相关概念叙述来看，编排整体框架有变化，但内容变化不大，新教材的叙述更为简洁，且更加直白，有利于学生自学与教师教学。

表 1－4

习题设置	旧教材	新教材
例题、思考题设置	P4 例 1 共有 3 个小题。 P6 思考题共有 2 个小题。	P3 例 1 删去原来的（3）题。 P5 思考题整合为 1 个小题。
练习题设置	复习题区分 A、B 组。	P5 练习后紧跟着本节的习题，习题分三个层次：复习巩固、综合运用、拓广探索。

旧教材的例题、练习、习题,通常是几个课时的内容混合编辑在一起的,对不太熟悉教材的教师难于区分,不利于教学。新教材每个概念或每个小节对应的例题、练习、习题都一目了然。

(文/冯新凯 审核/文媛)

第二节　本章高考内容解读

集合、常用逻辑用语是每年高考必考内容，既可以独立考查，也可以作为解决问题的工具融入其他内容进行综合考查。一般而言，独立考查的试题往往仅限于相关概念的理解和基本运算，难度较小，属于简单题；而融入其他内容考查的试题主要体现其工具性的作用，难度视融入的内容而定。

一、考查内容分析

（一）集合试题考查内容分析

2020—2022 年高考试卷中关于集合内容的考查情况如表 1－5 所示。

表 1－5

试卷	题号	分值	题型	考点
2022 年新高考Ⅰ卷	1	5	单选题	两个集合的交集运算
2022 年新高考Ⅱ卷	1	5	单选题	两个集合的并集运算
2021 年新高考Ⅰ卷	1	5	单选题	两个集合的交集运算
2021 年新高考Ⅱ卷	2	5	单选题	两个集合的交集、补集运算
2020 年新高考Ⅰ卷	1	5	单选题	两个集合的并集运算
2020 年新高考Ⅱ卷	1	5	单选题	两个集合的交集运算

从题型、题量上看，考查集合的试题主要以客观题形式呈现，难度较低，各份高考试卷中只设置 1 道相关试题。从考点分布上看，主要考查内容为集合的基本运算。从考查形式上看，主要考查在不同背景下求两个集合的交集、

并集及补集运算，全国新高考卷中还涉及集合与不等式知识的综合。

从以上统计情况来看，集合考查的题型、题量，考点分布，考查形式和难度同往年相比基本保持不变，大部分试题都能在教材的例题和习题中找到原型，很好地保持了高考命题的连续性和稳定性。

（二）常用逻辑用语考查内容分析

2020—2022 年高考试卷中关于常用逻辑用语内容的考查情况如表 1–6 所示。

表 1–6

试卷	题号	分值	题型	考点
2021 年新高考 II 卷	11	5	多选题	判断命题真假
2020 年新高考 I 卷	9	5	多选题	判断命题真假
	12	5	多选题	判断命题真假
2020 年新高考 II 卷	10	5	多选题	判断命题真假

注：2022 年全国新高考 I 卷、全国新高考 II 卷，2021 年新高考 I 卷均未考查常用逻辑用语。

从题型、题量上看，考查常用逻辑用语的试题主要以客观题形式呈现，各份高考试卷最多设置 1 道题。从考点分布上看，主要考查内容有充分条件、必要条件、充要条件的定义，命题真假的判断等。从考查形式上看，相关试题都是以与其他知识板块（如：数列、直线与圆的方程等）为载体，综合考查条件关系的判断、命题真假的判断等。

从以上统计情况看，常用逻辑用语考查的题型、题量，考点分布，考查形式和难度同往年基本保持不变。值得注意的是，2022 年高考仅在地方卷中出现部分内容，全国卷中均未涉及。

二、命题特点的分析

（一）立足基础，注意融合，体现基础性

集合作为高中数学的预备知识，是每年高考的必考内容，基本分布在选择题的前 3 题，以集合运算为主，有时会与解不等式综合，属于基础题。

例1 （2021 年新高考全国Ⅱ卷·第 2 题）设集合 $U = \{1, 2, 3, 4, 5, 6\}$，$A = \{1, 3, 6\}$，$B = \{2, 3, 4\}$，则 $A \cap (\complement_U B) = ($　　$)$

A. $\{3\}$　　　　　B. $\{1, 6\}$　　　　　C. $\{5, 6\}$　　　　　D. $\{1, 3\}$

【答案】B

【考查目标】集合的列举法以及集合的交集、补集运算。

【试题分析】试题以学生熟悉的集合的表示方法为载体，考查集合的交集、补集运算等基础知识。考查学生的运算求解能力，要求学生借助 Venn 图或观察法求出 $A \cap (\complement_U B)$，属于基础题。考查数形结合思想，以及学生的直观想象素养。这类题在教材的例题与习题中多次出现，考查形式相对稳定。

例2 （2022 新高考全国Ⅰ卷·第 1 题）若集合 $M = \{x \mid \sqrt{x} < 4\}$，$N = \{x \mid 3x \geq 1\}$，则 $M \cap N = ($　　$)$

A. $\{x \mid 0 \leq x < 2\}$　　　　　　　B. $\left\{x \mid \dfrac{1}{3} \leq x < 2\right\}$

C. $\{x \mid 3 \leq x < 16\}$　　　　　　　D. $\left\{x \mid \dfrac{1}{3} \leq x < 16\right\}$

【答案】D

【考查目标】集合的描述法、一元一次不等式、无理不等式和集合的交集运算。

【试题分析】此题以一元一次不等式、无理不等式为载体，交汇考查了解不等式和集合的交集运算，考查学生的运算求解能力。要求学生借助数轴或观察法求出 $M \cap N$，属于基础题。考查数形结合思想，以及数学运算和直观想象素养。

（二）强调应用，体现数学语言的工具性

数学中的符号、式子、图形等都是数学语言，集合、常用逻辑用语等常常作为语言工具出现在各类试题中。

例3 （2021 新高考全国Ⅱ卷·第 11 题）已知直线 $l: ax + by - r^2 = 0$ 与圆 $C: x^2 + y^2 = r^2$，点 $A(a, b)$，则下列说法正确的是（　　）

A. 若点 A 在圆 C 上，则直线 l 与圆 C 相切

B. 若点 A 在圆 C 内，则直线 l 与圆 C 相离

C. 若点 A 在圆 C 外，则直线 l 与圆 C 相离

D. 若点 A 在直线 l 上，则直线 l 与圆 C 相切

【答案】ABD

【考查目标】判断命题真假，判断点与圆、直线与圆的位置关系。

【试题分析】此题以点与圆、直线与圆的位置关系为载体，以常用逻辑用语为表达形式创设问题情境。考查逻辑思维和运算求解能力，考查转化与化归思想，以及逻辑推理和数学运算等素养。

例 4 （2022 新高考全国 II 卷·第 17 题）已知 $\{a_n\}$ 为等差数列，$\{b_n\}$ 是公比为 2 的等比数列，且 $a_2 - b_2 = a_3 - b_3 = b_4 - a_4$。

（1）证明：$a_1 = b_1$；

（2）求集合 $\{k \mid b_k = a_m + a_1, 1 \leq m \leq 500\}$ 中元素个数。

【答案】（1）略；（2）9。

【考查目标】等差数列和等比数列的通项公式。

【试题分析】此题第（2）小题以两个数列项之间的关系为载体，以集合语言为表达形式创设问题情境。解决问题就要深刻理解集合语言表达的含义，并能将其转化为数学符号语言。考查逻辑思维和运算求解能力，考查转化与化归思想，以及数学抽象、逻辑推理和数学运算等素养。

（文/文媛　审核/文媛）

第三节　学科素养背景下本章教学建议

本章的课程定位和内容要求是"集合""常用逻辑用语"。本章教学可以从以下两个方面开展：一是让学生学会用集合的语言简洁、准确地表达数学的研究对象，学会用数学的语言表达和交流；让学生学会使用常用逻辑用语表达数学对象，进行数学推理。二是引导学生通过利用集合语言对初中的一些重要概念进行再抽象并用符号表示对象（集合的元素），对一些重要内容（特别是方程、不等式、函数）进行"再表达"等，积累抽象思维的经验，提升数学抽象素养；引导学生以初中学习过的命题（特别是几何命题）为载体，分析命题结构，理解数学命题的组成要素，提升理解命题的水平，体会常用逻辑用语在表达数学内容和论证数学结论中的作用，提升逻辑推理素养。本章含 1.1 至 1.5 五节内容，各节重难点、易混易错点及教学建议如下：

1.1 集合的概念

（一）重点
元素与集合的"属于"关系，用符号语言刻画集合。

（二）难点
用描述法表示集合。

（三）易混易错点
（1）在表示数学对象时不能准确地在自然语言、符号语言之间转换；

（2）$\{x \in A \mid P(x)\}$ 中遗忘 $x \in A$ 这一限制条件。

（四）素养要求

在集合概念的形成中，经历由具体到抽象、由自然语言和图形语言到符号语言的表达过程，发展学生的数学抽象素养和数学运算素养。在学习过程中提升数学抽象和数学运算素养，在集合的表示方法中用到等价转化思想和分类讨论的思想。

（五）教学建议

本节教学过程中主要解决以下问题：

1. 通过实例了解元素和集合的含义，明确集合中元素的特性

通过教材 P2 的引例、P5 练习第 1 题以及实例，引导学生分析例子的共同特征，概括元素和集合的含义。通过正、反例辨析，让学生在了解集合的定义时，要抓住集合中元素的特征（确定性）及元素间的基本关系（互异性、无序性）。教学时，还可以引导学生多举些例子（正、反例均可）促进理解，培养学生的抽象概括素养。

2. 理解元素、集合及其关系的表示

教材 P5 练习第 2 题、习题 1.1 第 1 题均涉及元素与集合的关系，本质上，元素 x 与集合 A 之间的关系是指元素是否具有集合的"那个"共同特征，"是"用"$x \in A$"表示，"否"用"$x \notin A$"表示。教学时要多使用符号语言表示，让学生在具体运用中逐渐熟悉，并初步体会抽象、形式化的数学语言的简洁、准确等。

3. 针对具体问题，能在自然语言和图形语言的基础上，用符号语言刻画集合

教材 P3 的"思考"说明了描述法的必要性。描述法是本节的难点，难在对于共同特征的表示。教材 P4 的例 2、P5 习题 1.1 第 2 题至第 4 题均是集合的表示方法，在教学时均可使用，便于学生在具体运用中学会识别并用符号语言表示共同特征。教学中还可以再多举一些例子，让学生熟悉描述法的表示形式，体会列举法和描述法各自的特点。另外，在教学时还要注意以下三个方面：一是通过 P5 练习第 3 题（1）（2）小题让学生明确数集和点集的描述法的差异。二是要注意 $\{x \in A \mid P(x)\}$ 中 $x \in A$ 这一限制条件,教学时要通过适当的问题引起学生注意,使他们养成首先要搞清楚问题的范围、边界的习惯。三是要让学生把符号语言表示的集合转化为自然语言描述,这样有助于学生理解集合中元素的具体含义,为后面解决集合相关的其他问题做准备。通过学习"集合的表示"有利于发展学生的数学抽象素养。

1.2 集合间的基本关系

(一) 重点

集合间包含与相等的含义,用集合语言表达数学对象或数学内容。

(二) 难点

对相似概念及符号的理解,例如区别元素与集合、属于与包含等概念及其符号表示。

(三) 易混易错点

(1) 子集与真子集的区别;

(2) 集合关系判断时忽略空集。

(四) 素养要求

会用三种语言(自然语言、图形语言、符号语言)表示集合间的基本关系,并能进行转换,提升数学抽象素养和直观想象素养。

(五) 教学建议

本节教学过程中主要解决以下问题:

1. 类比实数间的关系,学习集合间的关系

本节的节引言启发学生发现问题和提出问题,通过类比实数之间的关系,联想集合间的关系。再通过教材 P7 "观察"分析问题和解决问题,类比实数之间的相等关系、大小关系,概括得到集合间的相等关系、包含关系。"如何研究一个数学对象"的指引在本教科书中多次出现,教学时应注意让学生形成这种思考问题的方式。这里还要强调一下"相等"的重要性:通过相等定义说明在所讨论的对象中到底要关注什么。

2. 了解研究集合基本关系的一般步骤

教材 P8 例 2、P9 习题第 2 题至第 4 题均涉及集合间关系的判断，教学时应让学生在具体运用中体会集合间的包含、相等关系。研究集合基本关系的一般步骤是：先搞清楚集合中元素的属性（研究对象是什么），再判定它们的关系。如：已知 $A = \{x \mid y = x\}$，$B = \{y \mid y = x\}$，$C = \{(x, y) \mid y = x\}$，$D = \{(x, y) \mid y = x, x \in \mathbf{Z}\}$，试判断 A、B、C、D 之间的关系。这些集合，共同特征的表现形式都是 $y = x$，但它们的元素却有完全不同的意义。

教材 P8 例 1、练习第 1 题意在对子集、真子集及包含关系等概念的理解，解决它还需要分类讨论思想。在教学时注意提醒学生按照标准，有序地进行不重不漏的分类。另外，在这两个题的基础上，还可以继续让学生写出含四个元素、五个元素的集合的所有子集，并且归纳猜想出集合中元素个数与集合子集个数之间的关系，即：假设集合 A 中含有 n 个元素，则有：（1）A 的子集有 2^n 个；（2）A 的非空子集有（$2^n - 1$）个；（3）A 的真子集有（$2^n - 1$）个。

3. 用三种语言表达数学研究对象，并能进行转换

教材 P9 练习第 3 题在判断集合间关系时，要让学生用自然语言、符号语言、图形语言这三种语言来表示集合，让学生熟悉这三种语言，并能根据需要进行转换。在教学时还可以多创设情境，让学生在使用中熟悉这三种语言。

4. 区别元素与集合、属于与包含等概念及其符号表示

教材 P8 的"思考"、教材 P8 练习第 2 题、P9 习题第 1 题均涉及区分元素与集合、集合与集合这些易混淆的关系和符号，教学时要让学生在具体运用中体会它们的区别。

5. 利用集合间的基本关系求参数

教材 P9 习题第 5 题意在利用集合的相等关系、包含关系求参数，在求解时可借助 Venn 图或数轴，直观、方便地得出结果。第 5 题（2）还可以变式为：$A = \{x \mid -2 \leq x \leq 5\}$，$B = \{x \mid m + 1 \leq x \leq 2m - 1\}$，若 $B \subseteq A$，求实数 m 的取值范围。让学生注意不能忽视集合为 $\varnothing$ 的情形，以及当集合中含有字母参数时，一般需要分类讨论。

1.3 集合间的基本运算

（一）重点

并集与交集的含义，用集合语言表达数学对象或数学内容。

（二）难点

补集的含义。

（三）易混易错点

（1）并集与交集的符号表示；

（2）对并集中"或"的理解。

（四）素养要求

结合具体实例感知并集与交集的含义，初步认识"或""且"的意义，提升数学抽象素养；对于连续数集的并集与交集利用数轴这一直观工具，对于抽象集合或应用问题利用 Venn 图这一直观工具，体会数形结合思想的重要性并提升直观想象素养；能够在现实情境或数学情境中概括出全集、补集、子集等数学对象的一般特征，并学会用三种语言表达和转换，提升数学抽象和数学运算素养。

（五）教学建议

本节教学过程中主要解决以下问题：

1. 类比数的加法运算，学习集合的并运算

本节的节引言启发学生发现问题和提出问题，通过类比数的运算，联想集合的运算。再通过教材 P10"观察"分析问题和解决问题，类比数的加法运算，概括得到集合的并运算。要结合三种语言对两个集合的并运算进行理解，同时在教学时还应提出问题"为什么相同的元素只出现一次"，让学生知道这个规定是由集合中元素的"互异性"所要求的。另外，结合具体的例子，让学生了解 $A \cup B = \{x \mid x \in A \ 或 \ x \in B\}$，"或"可以细分为三类：$x \in A$，$x \notin B$；$x \notin A$，$x \in B$；$x \in A$，$x \in B$。

2. 结合实例学习集合的交、补运算

教材 P11 的"思考"将关注点放在观察集合 A、B 和集合 C 的关系上，为了方便学生发现共同特征，教学时还可以再举一些例子，由此引出集合的交运算。和并集一样，要结合三种语言对两个集合的交运算进行理解。

在学习补集时，要结合章引言中给出方程 $x^2 = 2$ 在不同范围内的解不同的例子，让学生意识到，在数学研究中，明确在什么范围内讨论问题是非常重要的。在教学时，可以多举例和多借助于 Venn 图直观地帮助学生理解。

3. 使用集合语言描述数学对象，加深对集合的关系和运算的理解

教材 P10 例 1、例 2，P11 例 3，P12 例 4，P12 练习，P13 例 5、例 6，P13 练习，P14 习题 1.3 均是围绕集合的运算设计的，教学时可让学生自己动手完成，让学生体会集合语言表示数学对象的简洁、准确等特点。在具体运用中让学生熟悉集合的并、交、补运算及其符号表示。使学生认识到"并""或"与记号"∪"之间的对应关系，"交""且"与记号"∩"之间的对应关系。

结合 P12 练习第 4 题，可以让学生探究集合的运算与集合的关系，如：$A \cup B = A \Leftrightarrow B \subseteq A$；$A \cap B = B \Leftrightarrow B \subseteq A$。

结合 P13 例 5、练习第 3 题，可以让学生探究 $\complement_U(A \cup B)$，$\complement_U(A \cap B)$，$\complement_U A$，$\complement_U B$ 间的关系，如：$\complement_U(A \cup B) = (\complement_U A) \cap (\complement_U B)$，$\complement_U(A \cap B) = (\complement_U A) \cup (\complement_U B)$。

4. 了解集合中元素的个数的计算方法

教材 P15 – P16"阅读与思考"通过实例介绍了计算集合中元素个数的一般方法，教学时让学生了解并归纳出两个和三个集合的并集中元素个数的求解方法即可。教材 P35 第 11 题就涉及集合中元素个数的计算。

1.4 充分条件与必要条件

（一）重点
充分条件、必要条件和充要条件的意义。

（二）难点
充分条件与判定定理、必要条件与性质定理、充要条件与数学定义的关系的理解。

（三）易混易错点

（1）对必要条件的理解；

（2）在对充要条件进行证明时分不清充分性与必要性。

（四）素养要求

通过对充分条件、必要条件的学习和理解，体会充分条件、必要条件等常用逻辑用语在数学表达、论证等方面的作用，重点提升逻辑推理素养与数学抽象素养。针对充要条件问题，通过几个数学定义的研究比较，学生经历梳理知识、提炼定义、感悟思想的学习过程，提升逻辑推理素养与数学抽象素养。

（五）教学建议

本节教学过程中主要解决以下问题：

1. 理解充分条件与判定定理、必要条件与性质定理、充要条件与数学定义的关系

通过教材 P17 "思考"中（1）（4）对典型数学命题真假的判定为铺垫，将充分条件与判定定理联系起来，引出充分条件的概念，再结合教材 P18 例 1（1）（2）加深对充分条件概念的理解，最后结合教材 P18 "思考"，让学生明确，数学中的每一条判定定理都给出了相应数学结论成立的一个充分条件，即充分条件与判定定理的关系。

类比充分条件与判定定理的关系，通过教材 P19 例 2、"思考"，让学生明确，数学中的每一条性质定理都给出了相应数学结论成立的一个必要条件，即必要条件与性质定理的关系。由教材 P20 "思考"、P21 例 3 以及 "探究"，让学生明确，利用某个数学对象的充要条件，可以给出该数学对象其他定义形式，而且这些定义是相互等价的。

课标提出通过对典型数学命题的梳理，理解充分条件、必要条件、充要条件的意义，理解充分条件与判定定理、必要条件与性质定理、充要条件与数学定义的关系。教材 P20 练习，P22 练习第 1 题、第 2 题，P22 习题第 4 题均是学生学习过的数学命题（主要是几何命题），在教学时让学生通过逻辑用

17

语梳理几何定理，帮助学生理解有关逻辑用语，熟练使用有关符号，并使学生在新的语言表述几何命题的过程中加深理解几何知识。学生经历梳理知识、提炼定义、感悟思想的学习过程，提升逻辑推理素养与数学抽象素养。

2. 对必要条件的理解

对必要条件的理解可以从以下几个方面进行解释：一是"若 p，则 q"是一个整体，p 是 q 的充分条件，q 就是 p 的必要条件；二是通过具体例子，帮助学生理解"充分"和"必要"，例如：命题"若两个三角形全等，则这两个三角形的周长相等"。其中 p 是"两个三角形全等"，q 是"两个三角形的周长相等"，因为 p 足以保证 q 成立，所以 p 是 q 的充分条件；同时，如果 q 不成立（即两个三角形的周长不相等），那么 p 不可能成立（即两个三角形不可能全等），但 q 成立不能保证 p 成立（即周长相等，两三角形也不一定全等），所以 q 是 p 的必要条件。

3. 能用集合的语言表示充分条件、必要条件、充要条件

教材 P22 习题 1.4 第 2 题、第 3 题通过具体实例，引导学生对"充分不必要""必要不充分""充要""既不充分也不必要"进行辨析，从而加深对"三种条件"的理解。教材 P23 第 4 题借助集合间的关系，加深对"三种条件"的理解，在此基础上还可以让学生归纳出"充分不必要""必要不充分"对应的集合间的关系。

4. 充要条件的证明

教材 P22 例 4、练习第 3 题，教材 P23 第 5 题均是充要条件的证明，在解决此类问题时要分"充分性"与"必要性"来证明，故在分析问题时要明确谁是条件，谁是结论。例 4 中求证"$d = r$ 是直线 l 与 $\odot O$ 相切的充要条件"，那么"$d = r$"是条件 p，"直线 l 与 $\odot O$ 相切"是结论 q，所以充分性即为"$p \Rightarrow q$"，必要性为"$q \Rightarrow p$"。练习第 3 题中求证"梯形 $ABCD$ 为等腰梯形的充要条件为 $AC = BD$"，这里"$AC = BD$"是条件 p，"梯形 $ABCD$ 为等腰梯形"是结论 q，所以充分性即为"$p \Rightarrow q$"，必要性为"$q \Rightarrow p$"。

1.5 全称量词与存在量词

（一）重点

全称量词和存在量词的含义；使用存在量词对全称量词命题进行否定，使用全称量词对存在量词命题进行否定。

（二）难点

判断全称量词命题和存在量词命题的真假，正确地写出含有一个量词的全称量词命题和存在量词命题的否定。

（三）易混易错点

（1）写出含有一个量词的全称量词命题和存在量词命题的否定时，容易忘记改写量词；

（2）当全称量词命题中的全称量词省略时，无法判断命题类型；

（3）在探究含有一个量词的命题的否定时，有时会出现一些逻辑错误。

（四）素养要求

用全称量词、存在量词梳理、表达学过的相应数学内容，提升数学抽象素养；通过含量词命题的真假判断及应用，提升逻辑推理素养。通过全称量词命题与存在量词命题的否定的学习，重点提升数学抽象、逻辑推理素养。

（五）教学建议

本节教学过程中主要解决以下问题：

1. 通过已知的数学实例，理解全称量词与存在量词的意义

通过教材 P26 – P27 的"思考"与例题，归纳出常见的全称量词和存在量词，并理解其意义。要提醒学生在命题的语言表达中，全称量词的语言标志（"所有""一切"等）可以省略，例如，"所有的正方形是平行四边形"中的"所有"可以省略，教材 P31 习题 1.5 第 1 题（2）（4），教材 P32 第 6 题均是省略了全称量词的命题。在命题的语言表达中，存在量词的语言标志（"有的"等）不能省略。

2. 会对含一个量词命题的真假进行判断

在判断含一个量词命题的真假时，注意通过大量的例子引导学生自主归纳总结，并鼓励学生自己举例巩固加深理解。教材 P28 练习第 1 题、第 2 题，教材 P31 习题 1.5 第 1 题、第 2 题都是为了巩固学生学习的基本知识，让学生通过具体例子感受逻辑的力量，有助于培养学生的理性思维。

3. 会正确写出含一个量词命题的否定

在面对具体问题时，要让学生清楚到底要否定什么。教学时要让学生知道一个命题和它的否命题不能同时为真命题，也不能同时为假命题，只能一真一假。要"否定"的是量词：通过否定全称量词，将全称量词命题转化为存在量词命题；通过否定存在量词，将存在量词命题转化为全称量词命题。对全称量词命题与存在量词命题的否定，教学中要引导学生多用"也就是说"这样的等值语言对命题进行重新叙述。另外，还要能正确"否定"量词，如："都是"的否定是"不都是"，"至少有一个"的否定是"一个都没有"。

（文/文媛　审核/文媛）

"一元二次函数、方程和不等式"解读

第一节　本章内容解读

一、知识框架

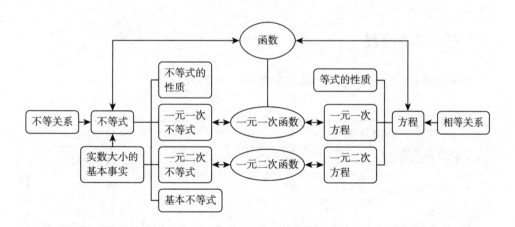

图 2 - 1

二、课标要求

本章含 2.1 至 2.3 三节，各节课标要求如下：

2.1 等式性质与不等式性质

梳理等式的性质，理解不等式的概念，掌握不等式的性质。

2.2 基本不等式

掌握基本不等式 $\sqrt{ab} \leqslant \dfrac{a+b}{2}$ （a，$b \geqslant 0$）；结合具体事例，能用基本不等式解决简单的最大值或最小值问题。

2.3 二次函数与一元二次方程、不等式

（1）从函数观点看一元二次方程，会结合一元二次函数的图象判断一元二次方程实根的存在性及实根的个数，了解函数的零点与方程根的关系。

（2）从函数观点看一元二次不等式。

① 经历从实际情境中抽象出一元二次不等式的过程，了解一元二次不等式的现实意义，能借助一元二次函数求解一元二次不等式，并能用集合表示一元二次不等式的解集；

② 借助一元二次函数的图象，了解一元二次不等式与相应函数、方程的联系。

三、课时设置

本章教学约需 9 课时，具体分配如下（表 2－1）：

表 2－1

2.1 等式性质与不等式性质	约 2 课时
2.2 基本不等式	约 3 课时
2.3 二次函数与一元二次方程、不等式	约 3 课时
小结与复习	约 1 课时

四、新旧教材对比分析

本章内容在新人教 A 版数学教材中位于必修一第二章，属于预备知识的内容；在旧人教 A 版教材中位于必修五第三章。现将内容对比如下：

表 2 - 2

新教材：一元二次函数、方程和不等式	旧教材：不等式
2.1 等式性质与不等式性质 2.2 基本不等式 2.3 二次函数与一元二次方程、不等式	3.1 不等关系与不等式 3.2 一元二次不等式及其解法 3.3 二元一次不等式组以及简单的线性规划问题 3.4 基本不等式

新人教 A 版的教材与旧教材相比内容的变化主要体现在两个方面：一是新教材删去了旧教材中的"二元一次不等式组以及简单的线性规划问题"这一节内容。二是编排顺序进行了调整。新教材按照"等式性质与不等式性质—基本不等式—二次函数与一元二次方程、不等式"顺序进行编写。旧教材按照"不等关系与不等式—一元二次不等式及其解法—二元一次不等式组以及简单的线性规划问题—基本不等式"顺序进行编写。除了删去的内容，将基本不等式以及一元二次不等式的相关内容位置进行了互换。这样调整的目的在于，作为应用，学生可以马上利用研究不等式的思想与方法来研究基本不等式，而对基本不等式的研究又加深了对不等关系以及不等式性质的理解。

本章具体内容处理方面，新教材与旧教材相比也有不同，现将具体情况对比如下。

表 2 - 3

节数	新教材内容	节数	旧教材内容
章首语	引导学生复习初中所学一元一次函数、方程、不等式之间的关系以及二次函数和一元二次方程之间的关系。介绍本章所学内容，凸显函数观点，统一不等式和方程的思想方法	章首语	说明不等式在生活中有着大量应用，介绍本章所学内容，点出函数不等式、方程之间有联系
2.1	本节主要介绍不等式的性质。 **背景、概念** 1. 在介绍不等式的性质前，设置了两个问题。问题 1 是关于抽象数学与生活中不等关系为不等式的问题。问题 2 是杂志售卖问题。主要是让学生列出不等式、解不等式，自然引出不等式的性质。		

节数	新教材内容	节数	旧教材内容
2.1	2. 通过数轴说明实数的有序性，提出大小比较的三条基本事实。 $a>b \Leftrightarrow a-b>0$，$a<b \Leftrightarrow a-b<0$，$a=b \Leftrightarrow a-b=0$ 提供不等式性质研究的逻辑基础。 3. 探究：用赵爽弦图引入重要不等式，用动态的观点说明不等关系与相等关系的联系，弘扬了中国传统文化。 **性质** 4. 思考：梳理等式的性质，为不等式性质的研究提供范例。 5. 探究：对部分不等式的性质进行了详细证明。 **应用** 6. 设置例2证明不等式，对不等式的性质进行应用	3.1	1. 问题1以及问题2设置基本相同。旧教材将问题1中的部分问题以情景的方式直接给出。与新教材相比多了问题3，目的是引出后面的线性规划问题。 2. 思考：直接给出部分不等式的基本性质，并以此为基础引导学生证明其他不等式。 3. 设置例题证明不等式，对不等式的性质进行应用，例题设置与新教材相同
2.2	基本不等式这一节是对上一节的继续以及深化。在编排上突出了分析法以及对式子结构、应用条件、数学模型的认识。 **背景、概念** 1. 由上一节重要不等式诱导出基本不等式，并运用分析法进行证明。 2. 探究：运用几何图形对基本不等式再证明以及说明。 **性质** 3. 设置例1求 $x+\dfrac{1}{x}$ 的最小值，引导学生认识利用基本不等式求式子最值的结构、应用条件。 4. 设置例2让学生证明"积定和最小，和定积最大"，帮助学生总结能用基本不等式求最值的式子结构，从而形成具有一般意义的利用基本不等式求最值的数学模型。 **应用** 设置例3：篱笆围菜园，周长定面积最大，面积定周长最小。 例4：储水池贴瓷砖问题	3.4	1. 用赵爽弦图引入重要不等式。 2. 用重要不等式引入基本不等式。 3. 探究：运用几何图形对基本不等式再证明以及说明。 4. 设置例1、例2与新教材中例3、例4一致

续 表

节数	新教材内容	节数	旧教材内容
2.3	本节主要介绍一元二次方程的解法，并以一元二次方程的解法为切口，说明一元二次方程、一元二次不等式与二次函数的关系，并由此上升到方程、不等式、函数三者之间的关系，凸显函数的纽带作用，渗透用函数观点认识解决问题的理念。 **背景、概念** 1. 设置围栅栏的问题，让学生经历生活中的问题数学化的过程，自然引出如何解一元二次不等式的问题。 **性质** 2. 思考：让学生回忆初中所学"三个一次"之间的关系，从而类比找到"三个二次"之间的关系，自然提出利用二次函数解一元二次不等式的方法。 3. 分类讨论二次函数与一元二次方程、不等式的解的对应关系。画出程序框图，总结解一元二次不等式的一般步骤。 **应用** 4. 设置例1到例3作为上述对应关系的应用，这三个例题分别对应了对应关系的三种情况，具体解一元二次不等式。 5. 设置例4：摩托车创造价值的问题； 例5：汽车不同场景下的刹车问题	3.2	旧教材本节主要介绍一元二次方程的解法。 1. 设置上网计费的问题引出一元二次不等式。 2. 直接说明二次函数的零点与一元二次方程、不等式之间的关系。 3. 分类讨论二次函数与一元二次方程、不等式的解的对应关系。画出程序框图，总结解一元二次不等式的一般步骤。 4. 设置例1到例4，作为应用解不等式，解决不同背景下的相关问题。其中例1和例4与新教材的例4以及例5是一致的。 例2、例3：解不等式

现将新旧教材内容处理的异同进行分析。

2.0 章首语

新教材本章的章首语与旧教材相比发生了较大变化。从叙述逻辑来看，新教材从"函数—方程—不等式"的联系入手，引导学生复习初中的相关知识，再以此为线索串联起本章的内容；旧教材先介绍本章内容，最后点出函数、不等式、方程存在联系。从叙述目的来看，新教材的目的是提示学生用函数、方程、不等式之间的联系去整合数学知识，从而学会用函数的观点认识并解决问题，继而体会数学知识的整体性；而旧教材的目的是想通过本章的各个章节的知识的学习，让学生逐步体会到函数、方程、不等式之间的联系，从而理解、应用函数的观点。

新 2.1—旧 3.1

本节的改动最大。新教材在本节的编排上添加了许多内容：一是通过数轴让学生体会实数的有序性；二是引入三个基本事实，运用三个基本事实将运算引入到实数大小的比较中；三是增加对等式性质的梳理，目的是为后面研究做铺垫，同时体现等式性质的层次性，方便对不等式性质进行研究、梳理；四是不等式性质证明更加详尽，证明过程中运用了图形、综合法等多种手段与方法。添加这些内容的目的，一是为了让学生体会到知识与知识间是存在联系的：代数与几何的联系，不同代数结构之间的联系；二是为了使"背景—概念—性质—应用"这一数学基本研究路径更加地清晰具体与具有可操作性，有利于知识的生成与发展；三是为了增强本章节各个部分的逻辑关联性、知识本身的逻辑性，便于学生逻辑推理素养的培养。

新 2.2—旧 3.4

新教材 2.2 节与旧教材 3.4 节在知识的生成方面无太大差异。为了展现相等关系与不等关系之间的动态联系，新教材将重要不等式移到了 2.1 节，与基本不等式分隔开，旧教材为了体现知识的系统性将重要不等式与基本不等式整合在一节。新教材与旧教材在本节的一个显著差异是增加了两个例题，这两个例题的增设是为了向学生说明基本不等式的结构以及应用条件，引导学生进而划归为具有一般意义的数学模型，提升学生的数学建模能力。

新 2.3—旧 3.2

新 2.3 与旧教材 3.2 在知识内容方面并无较大差异，它们的差异主要体现在知识的生成与发展上。首先新教材的问题情境与旧教材不同，原因在于旧教材中按照时间计费上网的问题情境对于现在的学生来说比较陈旧，可能难以理解，所以换成比较容易理解的栅栏围矩形这样便于理解的问题情境。其次在内容的安排上，新教材通过"三个一次"之间的关系类比生成"三个二次"之间的关系，用于解一元二次不等式。这样安排的好处在于学生在"三个一次"与"三个二次"的类比学习中，头脑中可以很容易形成对"函数—方程—不等式"的联系的初步认识，实现了对函数观点初步认识与应用。旧教材为了解决一元二次不等式的解法，直接说明与运用"三个二次"之间的关系，在运用中让学生体会函数的观点。

对比新旧教材在本章内容的变化，新教材与旧教材相比呈现出以下特点。

1. 基本套路为主线，明暗线清晰，强调数学的整体性

本章各节的编排按照"背景—概念—梳理知识、提炼数学思想方法—性质—应用"的顺序进行，旨在引导学生认识数学研究的基本路径。例如在 2.1 的编写中，先设置问题将一些具体的不等关系数学化，引出不等式，再由如何求解不等式的问题引出不等式的性质研究，最后回到利用不等式性质解决相关问题中。通过"背景—概念—性质—应用"这一基本研究路径，学生在研究中自然地回答了"数学研究对象从哪来？——从生活中来，从对已有数学概念的再抽象而来""我们该怎样获得数学的研究对象？——抽象化、符号化亦即数学化""我们该怎样获得研究这些事物的方法？——类比已有的经验，划归为认识的事物，提炼数学思想方法""我们该研究这些对象的什么？——性质""研究性质后我们该干什么？——利用性质解决相关的新问题"等问题。这些问题的解决，加深了学生对数学的整体性理解。

在"二次函数与一元二次方程、不等式"这一部分内容中，一元二次不等式的解法的形成与应用是明线，而暗线是函数、不等式、方程三者关系的事实：用函数的观点认识解决问题的方法—运动、联系看待问题的方法论—对关系和结构的抽象研究的数学本质观念。新教材明暗线交织，清晰可感，极具育人价值。

2. 用类比作为知识生成的驱动力

新教材重视类比的方法。在学习不等式的性质之前，新教材安排了对等式的性质的复习，其重要意义在于通过类比等式的性质这样的已有知识，提炼其中的数学思想方法，从而促进不等式性质相关知识的生成。

布尔巴基学派认为数学是研究结构的一门学科。从这个意义上来说，把握数学中的各种结构就把握了数学的本质。新教材在本章中用等式的性质类比不等式性质，用"三个一次"之间的关系类比"三个二次"之间的关系，说明了两个不同的事物在结构上可能蕴含相似性及一致性。通过对比学习，促进知识的发展，提高学生对数学知识的联系能力以及利用水平。

3. 情景的创设更加丰富，例题设置更加合理

新教材情景更加丰富。在"等式性质与不等式性质"这一节内容中，新教材列举了生活中、数学上大量关于不等关系的例子，每一个例子都要求学生用数学语言进行描述，这实际上是数学化过程的一环。通过对每个问题的描述，让学生对每个具体情景有清晰的把握，凸显问题中所蕴含的数学本质。

新教材的例题更具有针对性。在"基本不等式"一节中，例1是新教材新设的例题，这个例题说明了基本不等式求式子最值的结构、应用条件，例2帮助学生形成具有一般意义的基本不等式求最值的数学模型，例3和例4是基本不等式在生活中的运用。在"二次函数与一元二次方程、不等式"一节中，例1到例3对应了一元二次不等式解的三种情况，例4和例5是一元二次不等式在生活中的应用。本章例题设置意义明确，层层推进，有利于学生对知识的掌握。

4. 加强一般观念的指导，着眼对数学本身的认识

新教材重视数学中的一般观念。在"等式性质与不等式性质"这一节中。教材明确提出运算中的不变性就是性质。因此教材在梳理等式的性质一个重要的方向就是梳理等式在运算中所保持的不变性，而研究不等式的性质一个重要的方面就是研究不等式在运算中所保持的不变性。由此自然产生两个问题：加、减、乘、除、乘方、开方这些数学中常见的运算对等式的成立与否有何影响？对不等号的方向有何影响？这两个问题的解答过程就是得到等式以及不等式性质的过程，充分体现了运算作为数学中一个重要的一般观念，是教学的纽带，并具有指导作用。

5. 渗透公理化方法，重视逻辑推理

新教材中引入了实数大小关系的基本事实，这是旧教材中没有的。基本事实是无法进一步进行分解的，后面所有的结论都应该用基本事实推出。这与现代数学公理化的方法是一致的。教材中所有不等式的性质均需要用三个基本事实推导出来，其推理过程需要在脑海中摒弃曾经所学的一些现成的结论，这对于学生是比较困难的，事实上这也是学习数学各个分支的困难。欧氏几何与罗氏几何由于平行公理的不同，导致成为两种不同的几何体系。要想提升逻辑推理素养，首先要避免各种信息对自己的推理产生影响。

（文/张韬　审核/雍华）

第二节 本章高考内容解读

一元二次函数、方程和不等式是每年高考必考内容。其中不等式的性质以及利用不等式的性质解不等式可以独立出题，也常常与集合、常用逻辑用语这一部分知识相结合考查。基本不等式可以单独出题考查，也常常作为圆锥曲线中求最值的工具以及导数题目中放缩的工具进行考查。一元二次函数、方程、不等式单独考查的比较少，往往作为工具融合其他板块的知识进行考查。这一章的知识如果独立考查的话，难度较低；但是如果作为工具融入其他板块的知识的话，难度往往比较大。

一、考查内容分析

2020—2022年高考试卷中关于本章内容的考查情况如表2-4所示。

表2-4

试卷	题号	分值	题型	考点
2022年新课标Ⅰ卷	1	5	单选题	集合与解不等式
2022年新课标Ⅱ卷	1	5	单选题	集合与绝对值不等式的解法
	12	5	多选题	基本不等式与重要不等式
2021年新课标Ⅱ卷	17	10	解答题	数列（解一元二次不等式）
2020年新课标山东卷	11	5	多选题	不等式的性质，基本不等式，指数函数

从题型、题量上看，考查本章知识的试题主要以客观题形式呈现，但也可能综合其他板块知识以解答题形式出现，难度不一。可以是考查基础知识的基础题目，但也可能是综合多个板块知识，难度较大的综合题目。各份高考试卷中通常设置一道相关试题，但也有设置两道题目的。从考点分布上看，主要考查内容为解不等式、不等式的性质以及基本不等式。从考查形式上看，主要考查在不同背景下利用不等式的性质判断不等式、解不等式，利用基本不等式求最值等。

从以上统计情况来看，不等式考查的题型、题量、考点分布比较稳定，考查形式和难度每年有所起伏，选择题与解答题都有可能出现，简单基础题和较难的压轴题都有可能出现。

二、命题特点的分析

（一）立足基础，源于教材，高于教材

例 1　（2022 新课标全国 I 卷・第 1 题）若集合 $M = \{x \mid \sqrt{x} < 4\}$，$N = \{x \mid 3x \geqslant 1\}$，则 $M \cap N = $（　　）

A. $\{x \mid 0 \leqslant x < 2\}$　　　　　　B. $\left\{x \mid \dfrac{1}{3} \leqslant x < 2\right\}$

C. $\{x \mid 3 \leqslant x < 16\}$　　　　　D. $\left\{x \mid \dfrac{1}{3} \leqslant x < 16\right\}$

例 2　（2022 新课标全国 II 卷・第 1 题）已知集合 $A = \{-1, 1, 2, 4\}$，$B = \{x \mid |x - 1| \leqslant 1\}$，则 $A \cap B = $（　　）

A. $\{-1, 2\}$　　B. $\{1, 2\}$　　C. $\{1, 4\}$　　D. $\{-1, 4\}$

【答案】例 1：D；例 2：B

【考查目标】集合的描述法、一元一次不等式、无理不等式、绝对值不等式和集合的交集运算。

【试题分析】这两道题以集合为载体考查解不等式以及集合的运算。解一元一次不等式属于初中知识，高中进行了复习，而解无理不等式、绝对值不等式教材并未有专门讲解，需要考生依据等式的性质、绝对值的意义对不等

式进行等价变形,转化为一元一次不等式解决,考查了学生运算求解的能力。在教材中有大量利用不等式的解集求交、并、补的题目,但只涉及一元一次不等式、一元二次不等式,体现了高考试题源于教材、高于教材的特点。

(二)注重运算,重视数学运算核心素养

在 2022 年两套新高考试题中,特别重视数学运算这一核心素养。这就要求在各个章节的学习中,加强对数学运算的训练。理解数学对象,掌握运算法则,探究运算思路,选择运算方法,设计运算程序和求得运算结果是运算训练的六个方面。

例 3 (2022 新课标全国 Ⅱ 卷·第 12 题)若 x,y 满足 $x^2 + y^2 - xy = 1$,则( )

A. $x + y \leq 1$ B. $x + y \geq -2$ C. $x^2 + y^2 \leq 2$ D. $x^2 + y^2 \geq 1$

【答案】BC

【考查目标】不等式的性质,基本不等式。

【试题分析】本题处理思路多样。这是一个二元二次多项式,高中处理这样的式子的常见思路有:一是对式子进行变形,利用基本不等式进行放缩求得范围;二是利用处理齐次式的技巧二元转一元,利用函数来研究;三是利用三角代换将 x,y 用正(余)弦函数表示,运用三角函数相关知识进行求解。这三种运算思路,第一种虽然能够简单地求得范围的一端,而要求得另一端需要复杂的代数变形;而第二种虽然可以构造出齐次式的形式,但后续运算过程太过繁琐,部分步骤的技巧性较强;第三种方法需要掌握三角代换的技巧。对比三种运算思路,使用三角代换来解决本道题相对来说运算难度要小一点,比较推荐这种方法。本题重点考查了学生的运算求解能力,数学运算的核心素养。

(三)多维应用,工具性丰富多彩

第二章作为预备知识,是各个章节的基础以及工具。高考中常常作为工具融入其他知识的考查,常常有以下这三个方面的体现。

1. 基础运算,计算工具

例 4 (2021 新高考全国 Ⅱ 卷)记 S_n 是公差不为 0 的等差数列 $\{a_n\}$ 的

前 n 项和，若 $a_3 = S_5$，$a_2 a_4 = S_4$。

（1）求数列 $\{a_n\}$ 的通项公式 a_n；

（2）求使 $S_n > a_n$ 成立的 n 的最小值。

【答案】（1）略

（2）由数列的通项公式可得：$a_1 = 2 - 6 = -4$，$S_n = n \times (-4) +$ $\dfrac{n(n-1)}{2} \times 2 = n^2 - 5n$，则不等式 $S_n > a_n$ 即 $n^2 - 5n > 2n - 6$，整理可得：$(n-1)(n-6) > 0$，解得：$n < 1$ 或 $n > 6$，又 n 为正整数，故 n 的最小值为 7。

【考查目标】等差数列的基本量的求解，一元二次不等式的解法。

【试题分析】本题将一元二次不等式作为基础的计算工具融入到数列的考查中，在解答过程中要对"三个二次"之间的关系十分熟悉，否则会出错。考查了考生数学运算核心素养以及运算求解的能力。

2. 最值模型，求解工具

例5 （2019 新课标全国Ⅱ卷·第 21 题）已知点 $A(-2, 0)$，$B(2, 0)$，动点 $M(x, y)$ 满足直线 AM 与 BM 的斜率之积为 $-\dfrac{1}{2}$。记 M 的轨迹为曲线 C。

（1）求 C 的方程，并说明 C 是什么曲线；

（2）过坐标原点的直线交 C 于 P，Q 两点，点 P 在第一象限，$PE \perp x$ 轴，垂足为 E，连接 QE 并延长交 C 于点 G。

（i）证明：$\triangle PQG$ 是直角三角形；

（ii）求 $\triangle PQG$ 面积的最大值。

【答案】（1）略（2）（i）略（ii）设 $\triangle PQG$ 面积为 S。设直线 PQ 的方程为 $y = kx$，由题意可知 $k > 0$，直线 PQ 的方程与椭圆的方程 $x^2 + 2y^2 = 4$ 联立，即 $\begin{cases} y = kx, \\ x^2 + 2y^2 = 4, \end{cases}$ 解得 P 点的横坐标 $x_1 = \dfrac{2}{\sqrt{2k^2 + 1}}$。再由直线 QG 的方程和椭圆的方程联立，即 $\begin{cases} y = \dfrac{k}{2}(x - x_1), \\ x^2 + 2y^2 = 4, \end{cases}$

得 $(2+k^2)x^2 - 2k^2 x_1 x + k^2 x_1^2 - 8 = 0$，由韦达定理得 $-(x_1+x_2) = \dfrac{2k^2 x_1}{2+k^2}$。

由弦长公式得 $|PQ| = 2x_1\sqrt{1+k^2}$，$|PG| = \sqrt{1+\dfrac{1}{k^2}} \cdot |x_2-x_1| = \dfrac{2kx_1\sqrt{1+k^2}}{2+k^2}$。

$$S_{\triangle PQG} = \frac{1}{2}|PQ| \cdot |PG| = \frac{8k(k^2+1)}{(1+2k^2)(2+k^2)} \leqslant \frac{8k(k^2+1)}{\left(\dfrac{1+2k^2+2+k^2}{2}\right)^2}$$

$= \dfrac{32}{9} \cdot \dfrac{k}{k^2+1} = \dfrac{32}{9} \cdot \dfrac{1}{k+\dfrac{1}{k}} \leqslant \dfrac{16}{9}$。当且仅当 $\begin{cases} k = \dfrac{1}{k}, \\ 1+2k^2 = 2+k^2, \end{cases}$ 即 $k=1$ 时，等号成立。

【考查目标】椭圆的性质，直线与椭圆的位置关系，基本不等式。

【试题分析】本题第一问要用到圆锥曲线的二级结论，是教材中例题的改编；第二问考查了直线与椭圆的位置关系，椭圆内接三角形面积的求法。在求三角形面积的最大值时方法有很多，可以用导数工具研究其单调性求其最值，还可以对式子进行变形，构造出乘积或者和为定值的结构，使用基本不等式模型求最值。本题考查了数学运算核心素养以及运算求解的能力。

3. 融入导数，研究工具

例 6 （2018 年新课标全国Ⅲ卷）已知函数 $f(x) = (2+x+ax^2)\ln(1+x) - 2x$。

（1）若 $a=0$，证明：当 $-1 < x < 0$ 时，$f(x) < 0$；当 $x > 0$ 时，$f(x) > 0$；

（2）若 $x=0$ 是 $f(x)$ 的极大值点，求 a。

【答案】

详解：（1）当 $a=0$ 时，$f(x) = (2+x)\ln(1+x) - 2x$，$f'(x) = \ln(1+x) - \dfrac{x}{1+x}$。

设函数 $g(x) = f'(x) = \ln(1+x) - \dfrac{x}{1+x}$，则 $g'(x) = \dfrac{x}{(1+x)^2}$。

当 $-1 < x < 0$ 时，$g'(x) < 0$；当 $x > 0$ 时，$g'(x) > 0$。故当 $x > -1$ 时，

$g(x) \geqslant g(0) = 0$，且仅当 $x = 0$ 时，$g(x) = 0$，从而 $f'(x) \geqslant 0$，且仅当 $x = 0$ 时，$f'(x) = 0$。

所以 $f(x)$ 在 $(-1, +\infty)$ 单调递增。

又 $f(0) = 0$，故当 $-1 < x < 0$ 时，$f(x) < 0$；当 $x > 0$ 时，$f(x) > 0$。

（2）（i）若 $a \geqslant 0$，由（1）知，当 $x > 0$ 时，$f(x) \geqslant (2 + x)\ln(1 + x) - 2x > 0 = f(0)$，这与 $x = 0$ 是 $f(x)$ 的极大值点矛盾。

（ii）若 $a < 0$，设函数 $h(x) = \dfrac{f(x)}{2 + x + ax^2} = \ln(1 + x) - \dfrac{2x}{2 + x + ax^2}$。

由于当 $|x| < \min\left\{1, \sqrt{\dfrac{1}{|a|}}\right\}$ 时，$2 + x + ax^2 > 0$，故 $h(x)$ 与 $f(x)$ 符号相同。

又 $h(0) = f(0) = 0$，故 $x = 0$ 是 $f(x)$ 的极大值点，当且仅当 $x = 0$ 是 $h(x)$ 的极大值点。

$$h'(x) = \frac{1}{1 + x} - \frac{2(2 + x + ax^2) - 2x(1 + 2ax)}{(2 + x + ax^2)^2} = \frac{x^2(a^2x^2 + 4ax + 6a + 1)}{(x + 1)(ax^2 + x + 2)^2}。$$

如果 $6a + 1 > 0$，则当 $0 < x < -\dfrac{6a + 1}{4a}$，且 $|x| < \min\left\{1, \sqrt{\dfrac{1}{|a|}}\right\}$ 时，$h'(x) > 0$，故 $x = 0$ 不是 $h(x)$ 的极大值点。

如果 $6a + 1 < 0$，则 $a^2x^2 + 4ax + 6a + 1 = 0$ 存在根 $x_1 < 0$，故当 $x \in (x_1, 0)$，且 $|x| < \min\left\{1, \sqrt{\dfrac{1}{|a|}}\right\}$ 时，$h'(x) < 0$，所以 $x = 0$ 不是 $h(x)$ 的极大值点。

如果 $6a + 1 = 0$，则 $h'(x) = \dfrac{x^3(x - 24)}{(x + 1)(x^2 - 6x - 12)^2}$。则当 $x \in (-1, 0)$ 时，$h'(x) > 0$；当 $x \in (0, 1)$ 时，$h'(x) < 0$。所以 $x = 0$ 是 $h(x)$ 的极大值点，从而 $x = 0$ 是 $f(x)$ 的极大值点。

综上，$a = -\dfrac{1}{6}$。

【考查目标】利用导函数研究函数的单调性、极值点、二次函数零点的分布。

【试题分析】本题命制的重要背景是数学分析中函数极限的保号性、保不等式性。在讨论时需要对二次函数零点的分布有着透彻的理解，讨论过程中一个最大的难题是二次函数的零点无法轻易求得，需要理解问题的本质——零点不是关键，关键是 $x=0$ 时导函数不能不等于零，否则 $x=0$ 的一个空心邻域中的导函数值会恒大于或者恒小于零。在本题中二次函数图象的性质对于导函数的研究起着至关重要的作用。本题考查了数学抽象、数学运算、逻辑推理核心素养。

（文/张韬　审核/雍华）

第三节　学科素养背景下本章教学建议

本章的课程定位和内容要求是"相等关系与不等关系"，"从函数观点看一元二次方程和一元二次不等式"。本章教学可以从如下两个角度开展：一是以代数学的一般观念和通性通法为指导，围绕"运算"这一核心，引导学生归纳等式性质中蕴含的思想方法，类比等式的性质，猜想和证明不等式性质，研究基本不等式。二是梳理初中学习的一元二次函数与方程，以二次函数为纽带建立"三个二次"的知识体系，促进学生用联系的观点看待问题，体会数学的整体性，提升思维严谨性。同时，通过本单元学习使学生的数学抽象、逻辑推理、数学运算和直观想象素养得到发展。本章含 2.1 至 2.3 三节，各节重难点、易混易错点及教学建议如下：

2.1 等式性质与不等式性质

（一）重点
不等式的基本性质，等式与不等式的共性与差异。

（二）难点
类比等式的基本性质及其蕴含的思想方法，研究不等式的基本性质；等式与不等式的共性与差异。

（三）易混易错点
（1）因不等式的性质相关结论记忆混淆，导致判定不等式关系出错；如同向可乘性、倒数性质和分式性质误用。

（2）多次运用不等式性质求代数式的取值范围，因未理清限制条件导致出错。

（四）素养要求

通过运用不等式（组）表示实际问题的不等关系及比较两个实数的大小提升数学抽象及数学运算素养，通过学习不等式的性质及运用不等式的性质解决问题，提升数学抽象、逻辑推理及数学运算素养。

（五）教学建议

本节主要解决如下问题：

1. 能提炼生活中的相等关系与不等关系，将生活情境转化为数学情境

教材2.1问题1、问题2，练习第1题及习题2.1第2、4、9、10、12题均有涉及，教学过程中可选择使用，培养学生的数学抽象能力，教学生用数学眼光看世界。

2. 理解实数大小比较的三个基本事实，掌握比较数（式）的大小的常用方法

教材2.1例1，练习第2、3题，习题第3题均涉及比较数（式）大小与证明不等关系，教学过程中可选用。通过提炼比较大小与证明不等关系的常用方法，培养学生的逻辑推理和运算素养。

3. 理解并证明重要不等式，体会等式与不等式的联系，运用重要不等式解简单最值问题

教材通过探究数学家大会会标中存在的不等关系与相等关系，引出重要不等式，教学中可引导学生理解重要不等式的结构特征和几何意义。在证明重要不等式时，可从如下三个环节引导学生思考：

（1）结合充分条件与必要条件，从综合分析法等角度，引导学生证明重要不等式。

（2）结合重要不等式与完全平方差公式，从直接法的角度证明重要不等式，让学生体会相等关系与不等关系的区别与联系。

（3）引入实例"已知 $a > 0$，求证：$a + \dfrac{1}{a} \geq 2$"，让学生再次体会重要不

等式的结构特征和工具作用，为后文研究基本不等式奠定基础。

4. 梳理初中所学的等式的性质，提炼等式的研究路径和思想

关于教材中提出等式性质 1～5：性质 1、2 是等式性质的基本事实，可运用作差法证明等式成立。性质 3～5 从运算的角度提出，反映了等式在运算中保持不变性；教学中可引导学生思考运用性质 1、2 证明性质 3～5，或类比性质 1、2 的证明方法证明性质 3～5 成立。从而形成研究一类代数问题的研究策略：明确研究对象—梳理基本知识—提炼思想方法—应用运算性质—迁移新问题，进而培养学生数学抽象的能力。

5. 类比等式的基本性质，猜想不等式的基本性质并加以证明，体会不等式性质的层次性

教材中明确提出不等式基本性质 1～7，体现了不等式在运算中的可变性，教学过程中值得注意的是性质 1 不等式的反身性与性质 2 不等式的传递性可作为基本事实，属于第一层次，不需要证明。性质 3、4 从运算的角度提出，属于第二层次；性质 5～7 属于常用性质，属于第三层次。同时，高中阶段不等式的常用性质还有倒数性质、根式性质（教材习题 2.1 第 11 题）及分式性质（教材习题 2.1 第 10 题），教学过程中可将其作为不等式基本性质的第四层次，引导学生加以证明，培养学生的逻辑推理能力。

6. 能运用不等式的基本性质判断或证明不等关系

如教材 2.1 例 2 可从不等式性质或作差的角度证明，教材练习第 2 题，习题 2.1 第 5～9 题均涉及该知识点，教学过程中均可选用。

2.2 基本不等式

（一）重点

基本不等式的定义、证明方法和几何解释，用基本不等式解决简单的最值问题。

（二）难点

基本不等式的几何解释，用基本不等式解决简单的最值问题。

（三）易混易错点

（1）基本不等式的适用范围理解错误，导致乱用基本不等式求最值。

（2）不理解基本不等式中 a 与 b 的原型，导致基本不等式"取等"出错。

（3）运用基本不等式求最值时，符号意识欠缺、代数变换经验不足导致无法构建" $x+\dfrac{1}{x}$ "或" $\dfrac{y}{x}+\dfrac{x}{y}$ "模型。

（4）双变量问题求最值转化为单变量求最值时，因未讨论变量的取值范围导致结果出错等。

（四）素养要求

通过学习掌握基本不等式及其简单应用，重点提升数学运算、逻辑推理素养、数学建模素养。

（五）教学建议

1. 类比重要不等式，理解并证明基本不等式，感悟知识的整体性和思维的一致性

在教学过程中，通过类比重要不等式，归纳基本不等式的结构；类比重要不等式的研究路径研究基本不等式。一方面，老师可根据学情需要引导学生类比重要不等式的证明方法，探究基本不等式的证明，如从重要不等式角度、从综合分析法的角度、从几何角度、从数列角度等。另一方面，让学生体会基本不等式之所以"基本"的原因之一是它和初中学习的常用公式完全平方和（差）公式、平方差公式一样，是构造其他代数公式的基础，引导学生体会知识的整体性与思维的一致性，培养学生的逻辑推理素养。

2. 理解基本不等式的代数意义和几何意义，明确基本不等式成立的前提条件

通过教材2.2探究引导学生了解基本不等式的几何意义，进一步分析基本不等式的代数结构，让学生再次体会基本不等式 $\sqrt{ab}\leqslant\dfrac{a+b}{2}$ 中，a 与 b 的代数意义。老师也可以通过创设情境，引导学生从其他角度认识基本不等式的几何意义。同时，对比重要不等式，明确指出基本不等式成立的前提条件是

"一正二定三相等"，进而培养学生的数形结合能力和抽象概括的能力。

3. 梳理基本不等式结构特征，构建常用基本不等式模型

通过教材例 2，引导学生体会基本不等式在求最值问题时的工具作用，提炼普适性的基本不等式模型一："积定和最小，和定积最大"，即 $\sqrt{xy}$ 是定值，$x+y$ 有最小值；$x+y$ 为定值，$\sqrt{xy}$ 有最大值。

通过教材例 1，"已知 $x>0$，求 $x+\dfrac{1}{x}$ 的最小值"构建基本不等式模型二：$x+\dfrac{1}{x}$ 模型。同时，引导学生思考基本不等式 $\sqrt{ab}\leqslant\dfrac{a+b}{2}$ 中 a 与 b 的本质。

通过教材练习第 2 题"已知 x，y 都是正数，且 $x\neq y$，求证：（1）$\dfrac{y}{x}+\dfrac{x}{y}\geqslant2$，（2）$\dfrac{2xy}{x+y}<\sqrt{xy}$"构建基本不等式模型三：$\dfrac{y}{x}+\dfrac{x}{y}$ 模型。同时，再次引导学生反思基本不等式 $\sqrt{ab}\leqslant\dfrac{a+b}{2}$ 中 a 与 b 可代表数或式，强化基本不等式求最值的前提条件。

通过构建三种模型，让学生体会基本不等式之所以"基本"的原因之二是它结构简单、推理和运算能力要求不高，可以联系多个领域，在数学内外有广泛应用，且基于此渗透数学抽象和逻辑推理素养。

4. 掌握基本不等式，并能运用基本不等式解决简单的最值问题

课标对基本不等式的要求是"掌握"，因此，在教学中老师需逐步引导学生经历不同思维层次应用基本不等式求最值。具体分层如下：

（1）认识基本不等式且能用基本不等式解决简单的最值问题，如教材练习第 4、5 题，教材习题 2.2 第 2、4 题。

（2）构建基本不等式模型，利用基本不等式模型求简单的最值问题，如教材练习第 3 题，习题 2.2 第 1、5、6 题。

（3）利用基本不等式模型的各类变形求最值的过程。

例 1 当 $x<0$ 时，求 $\dfrac{12}{x}+4x$ 的最大值。

例2 已知 $a > 0$，$b > 0$，$a + 2b = 1$，求 $\dfrac{1}{a} + \dfrac{1}{b}$ 的最小值。

例3 已知正数 a，b 满足 $\dfrac{1}{a} + \dfrac{1}{b} = 3$，求 $a + b$ 的取值范围。

（4）结合具体生活实例，能运用基本不等式解决简单的最值问题。

教材 2.2 例 3、例 4 均涉及应用基本不等式解决实际问题，教学中需引导学生将生活情境抽象为数学情境。教材习题 2.2 第 7 题不标准的天平问题，第 8 题折叠问题，需学生在形成一定的直观经验基础上，再进行归纳，抽象概括，同时，在代数变换方法上涉及对分式进行裂项构建基本不等式模型。

值得注意的是，高一阶段大部分学生的符号意识、代数基本思想领悟能力还不足，代数式变换经验欠缺。因此，较复杂的分式裂项构建基本不等式模型可适当放在第三章体验，利用基本不等式推导其他不等式或证明不等式问题高一阶段可暂不体验。如平方平均、算术平均、几何平均和调和平均四者的大小关系判定、证明及应用，因高一阶段大部分学生数学素养有待提高，可暂不涉及。

2.3 二次函数与一元二次方程、不等式

（一）重点

二次函数与一元二次方程、不等式的联系，借助二次函数求解一元二次不等式。

（二）难点

二次函数与一元二次方程、不等式的联系，借助二次函数求解一元二次不等式。

（三）易混易错点

（1）解含参一元二次不等式时，分类讨论逻辑混乱且讨论点遗漏。

（2）解形如 $f(x) = ax^2 + 2x + 3$ 问题，未讨论二次项系数等于零。

（3）与二次函数有关的存在性与任意性问题概念理解混淆。

（4）与二次函数有关的任意性与存在性问题分类讨论时也容易出错。

（四）素养要求

从函数观点认识不等式，感悟数学知识之间的关联，认识函数的重要性，重点提升数学抽象和数学运算素养、数学建模素养。

（五）教学建议

1. 从函数观点看一元二次方程与一元二次不等式，寻找"三个二次"之间的关系

教学过程中可围绕如下三个环节开展，培养学生的数学结合能力和直观想象素养。

（1）明确研究思路：教师带领学生借助一元一次函数图象梳理初中学习的一元一次方程和一元一次不等式这三者的关系，积累从函数的观点看方程、不等式的思想方法，明确研究思路。

（2）提出问题、类比推理：教师通过问题"能否从二次函数的观点看一元二次不等式，进而得到一元二次不等式的求解方法？"引导学生结合一元二次函数的图象，观察图象、判断一元二次方程实根的存在性及实根的个数，了解函数的零点与方程根的关系。借助一元二次函数求解一元二次不等式，并能用集合表示一元二次不等式的解集。

（3）归纳提炼：借助一元二次函数的图象，梳理一元二次不等式与相应函数、方程的联系，即"三个二次"之间的关系。初步体验函数零点、方程、图象与不等式四者的紧密联系，但函数零点问题在必修一第四章将进一步介绍，在此学生只需了解零点的概念即可。

2. 会解一元二次不等式、简单的分式不等式、绝对值不等式，能将结果用解集形式表示

该部分内容分为两个层次：一是学生能熟练解不含参的一元二次不等式，知道分式不等式与一元二次不等式的联系。二是高一阶段会解简单的且能因式分解的含参一元二次不等式，高三能解稍复杂的含参一元二次不等式；为避免学生出现分类讨论逻辑混乱，建议老师引导学生设计运算程序，构建解一元二次不等式的算法。从而培养学生的逻辑推理素养，逐步渗透分类讨论思想。

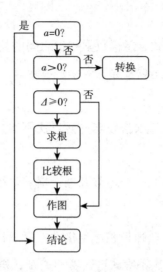

图 2-2

3. 能解决与一元二次不等式有关的任意性与存在性问题

该部分知识的难点一：学生不会分离参数将不等式问题转换为函数最值问题；难点二：涉及含参一元二次不等式，需数形结合与分类讨论两种方法相结合，学生逻辑思维达不到将无法解决；难点三：学生对任意性与存在性问题理解有困难且容易混淆，需教师引导。鉴于此，教学中可以通过如下两个典型例题，引导学生回顾二次函数的图象和性质，借助于函数图象解任意性和存在性问题，逐步渗透数学结合思想与分类讨论思想。

定义在 R 上的任意性问题

例1 （1）已知不等式 $kx^2 + kx - (k+3) < 0$ 恒成立，求实数 k 的取值范围；

（2）若不等式 $-x^2 + 2x + 3 \leqslant a^2 - 3a$ 对任意实数 x 恒成立，求实数 a 的取值范围。

例1第（1）问题可引导学生用判别式法解答，学生容易忽略二次项系数等于0的情况。

例1（2）可用判别式法和分离参数法从两个角度引导学生探究。

方法一：（"Δ"法）原不等式可化为 $x^2 - 2x + a^2 - 3a - 3 \geqslant 0$，

∵ 该不等式对任意实数 x 恒成立，∴ $\Delta \leqslant 0$，

即 $4-4(a^2-3a-3)\leqslant 0$，即 $a^2-3a-4\geqslant 0$，解得 $a\leqslant -1$ 或 $a\geqslant 4$，

∴ 实数 a 的取值范围是 $\{a\,|\,a\leqslant -1$ 或 $a\geqslant 4\}$。

方法二：（分离参数法）设 $f(x)=-x^2+2x+3$，则 $f(x)_{max}\leqslant a^2-3a$，由 $f(x)_{max}=4$ 可得 $a^2-3a\geqslant 4$，解得 $a\leqslant -1$ 或 $a\geqslant 4$。

通过例 1 两个问题，旨在引导学生借助于函数图象从判别式法和分离参数法两个角度解决问题，同时，引导学生深度思考两种方法的优劣。

在给定区间内的任意性问题

例 2 （1）$\forall x\in\{x\,|\,2\leqslant x\leqslant 3\}$，不等式 $mx^2-mx-1<0$ 成立，求 m 的取值范围。

（2）$\exists x\in\{x\,|\,2\leqslant x\leqslant 3\}$，不等式 $mx^2-mx-1<0$ 成立，求 m 的取值范围。

例 2 第（1）问的解法有如下两类：

方法一：分离参数法，不等式可转化为 $\forall x\in\{x\,|\,2\leqslant x\leqslant 3\}$，$m<\dfrac{1}{x^2-x}$ 成立。

方法二：分类讨论与数形结合相结合，本题不等式可转化为不等式对应二次函数的最大值小于零。引导学生分别讨论参数 $m=0$、$m>0$ 和 $m<0$ 时对称轴与区间的位置关系，结合二次函数图象分析二次函数的单调性和最大值。

为突破难点，设置上述两个问题，其目的有两方面：一是通过对比分析让学生体会任意性与存在性问题的本质区别和联系。二是引导学生从分离参数法和数形结合法两个角度探究解题思路，渗透数学结合思想和分类讨论思想，培养学生的直观想象和逻辑推理素养。

（文/雍华　审核/雍华）

第三章

"函数的概念与性质"解读

第一节　本章内容解读

一、知识框架

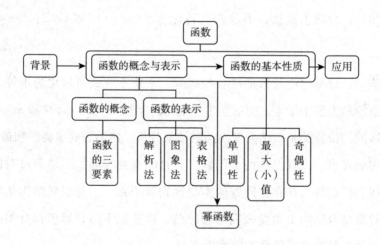

图 3 - 1

二、课标要求

本章含 3.1 至 3.4 共四节，各节课标要求如下：

3.1 函数概念及其表示

（1）在初中用变量之间的依赖关系描述函数的基础上，用集合语言和对应关系刻画函数，建立完整的函数概念，体会集合语言和对应关系在刻画函数概念中的作用。了解构成函数的要素，能求简单函数的定义域。

（2）在实际情境中，会根据不同的需要选择恰当的方法（如图象法、列表法、解析法）表示函数，理解函数图象的作用。

（3）通过具体实例，了解简单的分段函数，并能简单应用。

3.2 函数的基本性质

（1）借助函数图象，会用符号语言表达函数的单调性、最大值、最小值，理解它们的作用和实际意义。

（2）结合具体函数，了解奇偶性的概念和几何意义。

3.3 幂函数

通过具体实例，结合 $y=x$，$y=\dfrac{1}{x}$，$y=x^2$，$y=x^3$，$y=\sqrt{x}$ 的图象，理解它们的变化规律，了解幂函数。

3.4 函数的应用

体会利用函数模型解决实际问题的过程与方法。

三、课时设置

本章教学课程标准建议约需 12 课时，"（　　）"中的课时是结合我校实际，以小英才班为例，各小节课时设置（含习题讲评和章末小结）具体分配如下：

3.1 函数的概念及其表示	约 4（5）课时
3.2 函数的基本性质	约 3（8）课时
3.3 幂函数	约 1（3）课时
3.4 函数的应用（一）	约 1 课时
文献阅读与数学写作函数的形成与发展	约 1（0）课时
小结	约 2 课时

四、新旧教材对比分析

表 3 – 1

新教材	旧教材
第三章　函数的概念与性质	第一章　集合与函数概念
3.1 函数的概念及其表示	1.2 函数及其表示
3.1.1 函数的概念	1.2.1 函数的概念
3.1.2 函数的表示法	1.2.2 函数的表示法
3.2 函数的基本性质	1.3 函数的基本性质
信息技术应用　用计算机绘制函数图象	1.3.1 单调性与最大（小）值
3.2.1 单调性与最大（小）值	1.3.2 奇偶性
3.2.2 奇偶性	第二章　基本初等函数（I）
3.3 幂函数	2.1 指数函数
探究与发现　探究函数 $y = x + \dfrac{1}{x}$ 的图象与性质	2.1.1 指数与指数幂的运算
	2.1.2 指数函数及其性质
3.4 函数的应用（一）	2.2 对数函数
文献阅读与数学写作　函数的形成与发展	2.2.1 对数与对数运算
	2.2.2 对数函数及其性质
	2.3 幂函数

（一）教材内容安排比较

从上表可以发现，新教材相对旧教材的章节数量有所增加，增加的章节有"函数的应用（一）""文献阅读与数学写作　函数的形成与发展"。增加的"函数的应用"是在掌握函数的性质后对幂函数的应用；增加的"文献阅读与数学写作　函数的形成与发展"是人教新版教材的特色，其主要环节是组织学生收集、阅读函数的形成与发展的历史资料，学生在经历了论述函数发展过程和完成相关的任务安排后提升了自身的数学文化素养。

（二）教材内容引入比较

新旧两版教材都在"函数的概念与性质"章节的章引言开端对函数进行了整体性介绍，这体现了教学内容组织中的"先行者策略"。在新版的章引言中将客观世界的运动变化现象抽象为变量间的对应关系，提出函数是解决现实问题的基本工具，强调了函数内容的重要性，对函数学习提出了相应的要求，同时指出：函数的概念是在初中的基础上运用集合语言与对应关系进行刻画的。引言中强调，新版教材新加入的幂函数内容是在研究函数的基本内容、过程和方法的基础上，运用函数理解与处理问题的方法开展学习的。这是对旧版教材的改进与修正；在指数函数与对数函数的章引言中，新版教材以考古学家对"良渚遗址"年代的测定为引例，体会数学知识在科学实践中的应用。保留了旧版教材中的指数函数模型的实例，如"细胞分裂""人口增长""放射性物质的衰减"等问题，运用研究幂函数的方法，类比研究"指数函数"与"对数函数"的图象和性质。综上所述，章引言是学生学习本章内容的开端，通过对比新旧两版教材，我们可以发现，旧版教材以节标题作为主体，实际的案例为辅助，总体说明本章的教学内容，而新版教材更加强调学习知识的过程，从"为什么"到"怎样做"，不仅符合《普通高中数学课程标准（2017 年版）》中"四能"的培养，学生还能在阅读引言的过程中体会数学知识的发生、发展的过程。

（三）教材内容编写比较

表 3 - 2

内容	新教材	旧教材
函数	分析四个实例—归纳函数的本质特征—函数的定义	分析三个实例—分析归纳变量关系的共同点—函数的定义
单调性	回顾初中单调性定义—运用数学语言来刻画二次函数的单调性—探究如何判断绝对值函数的单调性—定义单调性	观察研究一次函数、二次函数的图象—语言、列表描述函数的"升、降"—利用定义域、解析式描述"增、减函数"—定义单调性
奇偶性	回顾单调性—绘制并观察函数图象，寻找图象的共同特征—类比单调性，运用符号语言表达函数图象关于 y 轴对称的特征—观察表格中函数值的变化情况，并归纳—偶函数定义	观察函数图象的共同特征—函数解析式的特征—归纳—偶函数定义

内容	新教材	旧教材
幂函数	具体问题分析—定义幂函数—回顾函数的定义与性质—根据图象分析结论（找共同点）	具体问题分析—定义幂函数—根据图象分析结论

（四）课程标准对"函数"的教学要求比较

数学课程经历"以知识为本"到"以人为本"的变化，体现在课程结构、课程内容之中，数学课程标准的要求也随之发生变化。下面将对必修课程中"函数"部分的课程标准内容进行解读与分析。

高中数学课程分为必修课程、选择性必修课程和选修课程，在两版课程标准下函数都作为必修课程内容的重要组成部分，《普通高中数学课程标准（实验）》（以下简称《2003 课程标准》）和《普通高中数学课程标准（2017 年版）》（以下简称《2017 课程标准》）分别提出"函数"部分的课时分配建议如下。

函数《2017 课程标准》　　　函数概念与性质　　　12 课时

函数《2003 课程标准》　　　函数及其表示　　　　4 课时

　　　　　　　　　　　　　　函数的基本性质　　　3 课时

两版课程标准下的课时建议各有不同，相对于《2003 课程标准》的整体课时要求，《2017 课程标准》中明确了函数概念与性质及数学建模的课时安排，细化了教学内容的具体课时安排。按照总课时计算，《2017 课程标准》中总计课时 12 课时，与《2003 课程标准》的要求相比增加 5 课时。以下是两版课程标准分别提出的教学目标：

表 3-3

内容	《2017 课程标准》教学目标	《2003 课程标准》教学目标
函数的概念	① 结合初中变量关系、集合语言和对应关系重新定义函数概念，了解构成函数的三要素，掌握求解简单定义域的方法	① 结合初中变量关系、集合语言和对应关系重新定义函数概念，了解构成函数的三要素，掌握求解简单定义域的方法

续 表

内容	《2017 课程标准》教学目标	《2003 课程标准》教学目标
函数的概念	② 掌握函数表示法（图象法、列表法、解析法），理解函数图象的作用 ③ 通过实例，了解分段函数及其应用	② 掌握函数表示法（图象法、列表法、解析法），理解函数图象的作用 ③ 通过实例，了解分段函数及其应用
函数性质	① 借助图象、符号语言表达函数的性质 ② 了解具体函数奇偶性概念和几何意义 ③ 了解周期性的概念和几何意义	① 借助二次函数理解函数单调性、最大值、最小值的几何意义，了解奇偶性的含义 ② 借助图象，研究函数的性质
函数的形成和发展	收集、阅读函数的历史资料，撰写小论文，论述函数发展的过程、重要人物、事件、贡献	
幂函数	通过具体实例，结合 $y=x$，$y=\dfrac{1}{x}$，$y=x^2$，$y=\sqrt{x}$，$y=x^3$ 的图象，理解它们的变化规律，了解幂函数	

（五）新旧课程性质比较

表 3-4

《2003 课标标准》的课程性质	《2017 课程标准》的课程性质
高中数学课程是义务教育后普通高级中学的一门主要课程，它包含了数学中最基本的内容，是培养公民素质的基础课程。 高中数学课程对于认识数学与自然界、数学与人类社会的关系，认识数学的科学价值、文化价值，提高提出问题、分析和解决问题的能力，形成理性思维，发展智力和创新意识具有基础性的作用。 高中数学课程有助于学生认识数学的应用价值，增强应用意识，形成解决简单实际问题的能力。 高中数学课程是学习高中物理、化学、技术等课程和进一步学习的基础。同时，它为学生的终身发展，形成科学的世界观、价值观奠定基础，对提高全民族素质具有重要意义	高中数学课程是义务教育阶段后普通高级中学的主要课程，具有基础性、选择性和发展性。必修课程面向全体学生，构建共同基础；选择性必修课程、选修课程充分考虑学生的不同成长需求，提供多样性的课程供学生自主选择；高中数学课程为学生的可持续发展和终身学习创造条件

由上表我们可以看到：《2003 课程标准》的课程性质指出高中数学课程是继义务教育阶段之后，面向大众，培养公民素质的基础课程。但由于在实际教学层面中，高中毕业和高考无缝对接，学生自高一进校以来，就一直受到教师赶进度式教学的紧迫感，三年的课程要在不到两年的时间学完，而且考什么就只学什么，这些已然成为高中教学的常态，明显对学生后续"全面而有个性"的发展带来诸多不利。所以在《2017 课程标准》的课程性质中，再次重申："高中数学课程是义务教育阶段后普通高级中学的主要课程，具有基础性、选择性和发展性"。因此，通过新课标的强调，我们更应该认识到高中数学课程的性质是由高中阶段学生的需求所决定，在教学中避免削弱其应有的基础性、选择性和发展性，让高中数学课堂回归本真。

（文/任晖、邓燕莉　审核/邓燕莉）

第二节 本章高考内容解读

函数的概念与性质是每年高考必考内容,其中性质既可以独立考查,也可以相互之间结合进行综合考查。一般而言,独立考查性质的试题难度较小,属于简单题;而性质之间相互结合再融入其他内容,比如不等式考查的试题难度较大,属于困难题。

一、考查内容分析

2020—2022 年高考试卷中关于函数的概念与性质内容的考查情况如表 3 – 5 所示。

表 3 – 5

试卷	题号	分值	题型	考点
2022 年新高考 Ⅰ 卷	12	5	多选题	抽象函数的奇偶性、周期性和图象的对称性
2022 年新高考 Ⅱ 卷	8	5	单选题	函数奇偶性的应用,利用抽象函数的周期性求函数值
2021 年新高考 Ⅰ 卷	13	5	填空题	函数奇偶性
2021 年新高考 Ⅱ 卷	8	5	单选题	函数奇偶性、周期性和函数图象对称性
2020 年新高考 Ⅰ 卷	8	5	单选题	函数奇偶性与不等式综合应用
2020 年新高考 Ⅱ 卷	8	5	单选题	函数奇偶性与不等式综合应用

从题型、题量上看，考查函数的概念与性质的试题主要以客观题形式呈现，难度较高，各份高考试卷中只设置 1 道相关试题。从考点分布上看，主要考查内容为奇偶性与周期性、对称性相结合以及与不等式综合应用。

从以上统计情况来看，函数的概念与性质考查的题型、题量，考点分布、考查形式和难度同往年相比基本保持不变，大部分试题需要在教材的例题和习题上进行拓展，很好地保持了高考命题的连续性和稳定性。

二、命题特点的分析

（一）立足基础，体现基础性

函数的概念与性质作为高中数学的重要内容，是每年高考的必考内容，如果单独考查其一类性质的应用，难度较小，属于基础题。

例 1 （2021 年新高考卷 Ⅰ · 第 13 题）已知函数 $f(x) = x^3(a \cdot 2^x - 2^{-x})$ 是偶函数，则 $a =$ _____。

【答案】1

【考查目标】函数的奇偶性。

【试题分析】本题只考查了函数奇偶性的简单应用，较为基础。

（二）综合应用，体现函数抽象性

抽象函数性质以及图象变换，往往出现在客观题靠后的位置，综合性较强，难度较大。

例 2 （2022 年新高考卷 Ⅰ · 第 12 题）已知函数 $f(x)$ 及其导函数 $f'(x)$ 的定义域均为 **R**，记 $g(x) = f'(x)$，若 $f\left(\dfrac{3}{2} - 2x\right)$，$g(2 + x)$ 均为偶函数，则 （ ）

A. $f(0) = 0$ 　　　　　　　　B. $g\left(-\dfrac{1}{2}\right) = 0$

C. $f(-1) = f(4)$ 　　　　　　D. $g(-1) = g(2)$

【答案】BC

【考查目标】抽象函数的奇偶性、周期性和图象的对称性。

【试题分析】这个题目比较新的一点是涉及原函数和导函数的关系，把握这一点再结合各种函数性质的结论，就不难得到正确的解答。相关知识点概括如下：（1）原函数是偶函数，导函数为奇函数；原函数是奇函数，导函数为偶函数。（2）导函数为偶函数，原函数不一定为奇函数，但具有对称中心。导函数为奇函数，原函数一定为偶函数。

例 3 （2022 年新高考卷 II·第 8 题）已知函数 $f(x)$ 的定义域为 **R**，且 $f(x+y)+f(x-y)=f(x)f(y)$，$f(1)=1$，则 $\sum\limits_{k=1}^{22} f(k)=$ （　　）

A. -3　　　　　B. -2　　　　　C. 0　　　　　D. 1

【答案】A

【考查目标】本题考查抽象函数的性质与求值，考查数学抽象与逻辑推理的核心素养。难度偏难。

【试题分析】对抽象函数的考查是最近几年高考的热点，且难度都比较大，求解抽象函数问题要重视赋值法的应用，此外还可以构造具体函数求解。

例 4 （2021 年新高考卷 II·第 8 题）已知函数 $f(x)$ 的定义域为 **R**，$f(x+2)$ 为偶函数，$f(2x+1)$ 为奇函数，则 （　　）

A. $f\left(-\dfrac{1}{2}\right)=0$　B. $f(-1)=0$　C. $f(2)=0$　　　D. $f(4)=0$

【答案】B

【考查目标】函数的奇偶性。

【试题分析】题目难度偏难，由 $f(x+2)$ 是偶函数可得：$f(x+2)=f(-x+2)$，可知 $f(x)$ 的对称轴为 $x=2$。$f(2x+1)$ 为奇函数，即 $f(2x+1)=-f(-2x+1)$ 可得 $f(x)$ 的对称中心为 $(1,0)$，由此可得正确答案为 B。

例 5 （2020 年新高考卷 I·第 8 题）若定义在 **R** 上的奇函数 $f(x)$ 在 $(-\infty,0)$ 上单调递减，且 $f(2)=0$，则满足 $xf(x-1)\geqslant 0$ 的 x 的取值范围是 （　　）

A. $[-1,1]\cup[3,+\infty)$　　　　B. $[-3,-1]\cup[0,1]$

C. $[-1,0]\cup[1,+\infty)$　　　　D. $[-1,0]\cup[1,3]$

【答案】D

【考查目标】函数的性质与不等式的综合应用。

【试题分析】本题考查函数的性质与不等式的求解，难度偏难。由奇函数 $f(x)$ 在 $(-\infty, 0)$ 上单调递减，且 $f(2)=0$，则 $f(x)$ 在 $(0, +\infty)$ 上单调递减，且 $f(-2)=0$。由此可得答案为 D。

（文/任晖　审核/邓燕莉）

第三节　学科素养背景下本章教学建议

　　课程标准规定的本单元核心任务是：帮助学生建立完整的函数概念，不仅把函数理解为刻画变量之间依赖关系的数学语言和工具，也把函数理解为实数集合之间的对应关系；能用代数运算和函数图象揭示函数的主要性质；在现实问题中，能利用函数构建模型，解决问题。内容包括：函数的概念、函数的性质、函数的形成与发展。

　　本单元要在初中的基础上，引导学生利用"变量说"对典型事例进行分析，体悟引入"对应关系说"的必要性，并通过具体实例共性的归纳，抽象概括出函数概念；引导学生体会不同表示法的特点，能根据问题的特点选择合适的表示法表示函数；让学生学会用严谨的符号语言刻画函数的单调性、奇偶性等性质的方法，并能用函数的概念与性质解决简单的问题。

　　函数是贯穿高中数学课程的一条主线，所以本单元在高中数学中有奠基地位。定义抽象、符号抽象、具体函数类型多且复杂（连续的、离散的）、相关知识的连续性增强、用更多的工具（代数运算、几何直观、导数）讨论函数性质等是高中函数学习的特点。引入具有一般性的抽象符号 $f(x)$，使学生能通过建立模型刻画现实问题的数量关系，并通过讨论函数的性质加深认识。把握和解释它的变化规律，这是学习函数的重要意义所在。通过本单元的学习促使学生的数学抽象、直观想象、数学运算和数学建模等素养得到发展。

　　本章含 3.1 至 3.4 四节，各节重难点、易混易错点及教学建议如下：

3.1 函数的概念及其表示

(一) 重点

建立"对应关系说"观点，用集合语言表述的函数概念，在此过程中培养学生的数学抽象素养。

(二) 难点

从不同的问题情境中提炼出函数要素，并由此抽象出函数概念；理解函数的对应关系。

(三) 易错易混点

(1) 定义域、值域书写不规范，经常会忘记用集合或区间表示；

(2) 用换元法求函数值域以及解析式时，往往会忽略新元的范围。

(四) 素养要求

通过对函数概念的理解，提升数学抽象素养；通过求简单函数的定义域，提升数学运算素养；通过对区间概念的理解及判断两个函数是否为同一函数，提升数学抽象素养；通过求一些简单函数的值域，提升逻辑推理、数学运算素养。结合实例，经历函数三种表示法的抽象过程，体会三种表示法的作用，发展学生的数学抽象素养；加深对分段函数概念的理解及应用，提升逻辑推理、数学运算素养。

(五) 教学建议

本节教学过程中主要解决如下问题：

1. 在"变量说"的基础上，经历函数概念的抽象过程，理解函数的"对应关系说"

教材 3.1.1 安排了 4 个实例，都用集合与对应的语言对其中的函数进行了精确刻画。教学中教师可以先给出问题 1 的示范，后面的几个实例可以要求学生在独立思考的基础上进行模仿性表述，让他们熟悉这种语言表述方式，在这一过程中引导学生发现函数的三要素，为引入抽象函数概念做好准备。接着，教材安排了一个归纳栏目："上述问题 1～问题 4 中的函数有哪些共同特征？由此你能概括出函数概念的本质特征吗？"这是教学中需要特别重视的环节，是用函数概念教学落实数学抽象的一个重要机会，最好安排活动，让学生归纳概括，培养学生的数学抽象素养。

2. 能求具体函数、实际问题中函数的定义域，能根据具体函数解析式求对应的函数值

教材例 2（1）问、练习 1 题、习题 3.1 第 1 题均涉及求函数的定义域，教学过程中可选用。通过问题的处理让学生理解求函数的定义域，其实质是求使解析式各部分都有意义的未知数的取值集合。

教材例 2（2）（3）两问、练习 2 题、习题 3.1 第 4 题均涉及求函数值，教学过程中可选用，应从中提炼出求函数值的方法及关注点。

3. 能判断两个函数是否为同一函数

教材例 3、练习 3 题、习题 3.1 第 2 题均涉及，教学过程中可选用。让学生在判断过程中归纳两个函数是否为同一函数时应注意的要点。

4. 理解区间的概念

用区间表示连续实数集时要让学生注意：区间左端点值小于右端点值；区间两端点之间用"，"隔开。可以由教师举出几个实例，让学生用区间表示。

5. 能根据具体函数解析式，求函数的值域

这里需要教师在教材的基础上补充求函数值域的常用方法：观察法、配方法、分离常数法、换元法。后两种方法对于高一学生是两种全新的方法，教学中要引导学生总结：对于分式类型的函数，采用分离常数法，转化为"反比例函数"的形式，便于求值域；对于带根号的函数，常用换元法转化为有理函数，间接地求原函数的值域。

6. 通过函数的表示法促进学生再次理解函数概念（本质上都是对应关系），让学生去体会不同表示法的特点及相互联系与转化

教材 3.1.1 中四个实例为学习函数的三种表示方法作了铺垫。在教学中，可以引导学生比较三种表示方法各自的特点，再师生一起评价并总结。在过程中注意要让学生用数学语言去表达。教材例 4 介绍了一个可以用三种表示方法表示的函数。通过这个例子，让学生体会三种表示方法各自的优点。

7. 理解分段函数的概念及其表示，并能结合函数图象，求分段函数最值

教材例 5 给出了分段函数的概念及其表示。通过例 5 的教学，让学生通过函数的不同表示，加强数形结合观念，培养学生的直观想象能力。教材课后练习第 2 题、习题 3.1 第 7 题（1）问，教学过程中可选用。

教材例 6、练习第 3 题涉及分段函数最值，教学过程中可选用。通过对 $\max\{f(x), g(x)\}$ 这种符号化表示的理解，可以提高学生的抽象思维能力。

8. 能用函数的表示法解决实际问题

教材例 7、例 8、练习第 2 题教学中可选用。这几个例题，一是可以培养学生用数学的眼光观察、分析并解决问题；二是可以进一步体会根据问题的特点恰当选择函数的表示法，能更方便地理解并解决问题。

9. 能结合实际问题选取合适的方法求函数解析式

教材习题 3.1 第 6 题是用待定系数法解决的，教师在此基础上可以进行补充，如：

已知 $f(x)$ 是二次函数，且满足 $f(0)=1$，$f(x+1)-f(x)=2x$，求 $f(x)$，还可以再补充用换元法求解析式，如：已知 $f(\sqrt{x+1})=x+2\sqrt{x}$，求 $f(x)$。方程组法不做过多要求，让学生明确具体问题的解决方法。

3.2 函数的基本性质

（一）重点

函数的单调性、奇偶性。

（二）难点

增（减）函数的定义，利用增（减）函数的定义判断函数的单调性。

（三）易错易混点

（1）用定义证明函数单调性时，书写不规范；

（2）分段函数单调性往往会忽略区间端点值的情况；

（3）求函数在某区间的最值时，往往不判断单调性，直接代区间端点值计算；

（4）对于含参的二次函数的最值问题，容易讨论不完整；

（5）函数单调性与奇偶性相结合的问题，学生转化较为困难。

（四）素养要求

让学生结合实例，经历从具体的直观描述到形式的符号表达的抽象过程。体会用符号形式表达单调性定义的必要性；在函数单调性的应用过程中，发展逻辑推理和数学运算素养。利用图象求函数最值的抽象过程，发展学生的数学抽象、逻辑推理和数学运算素养。利用图象抽象出函数性质，提升直观想象和逻辑推理素养；通过函数奇偶性的应用，熟悉转化、对称等思想方法，提升逻辑推理素养；通过函数图象的对称轴、对称中心条件，提升直观想象和数学抽象素养。

（五）教学建议

教材用代数运算和函数图象研究函数的基本性质（单调性、奇偶性、最值）。教学中，注意体现研究数学性质的一般思路，还要注意函数性质的特殊性，让学生认识到单调性是"局部性质"，奇偶性是"整体性质"；单调性针对所有函数，奇偶性是某些函数的特殊性质。奇偶性是把图象的对称性（几何特征）转化为代数关系，并用严格的符号语言表示，形与数结合起来，实现从定性到定量的转化。

本节教学过程中，主要解决如下问题：

1. 理解函数单调性的概念

教学中，可参考教材给出的研究函数单调性的过程进行研究：具体函数—图象特征—数量刻画—符号语言—抽象定义—单调性判定。通过学习函数的单调性，让学生进一步加深对函数基本性质的认识，并且让学生体会研究函数性质的过程与方法，从而培养学生的抽象素养。

2. 能利用定义判断或证明函数的单调性

教材例1、例2、例3、习题3.2第3题，教学过程中可选用。其中例3

中的函数 $f(x) = x + \dfrac{1}{x}$ 涉及对勾函数。教学时,除按函数单调性的定义进行证明外,还可以引导学生用定义结合习题 3.2 第 9 题以及教材 P92 "探究与发现"去探究 $f(x) = x + \dfrac{1}{x}$ 在整个定义域内的单调性,然后结合习题 3.2 第 8 题进行拓展。

3. 能利用图象求函数的单调区间

教学中可给出以下例题:

已知函数 $f(x) = x^2 - 4|x| + 3$,$x \in \mathbf{R}$,以及 $f(x) = |x^2 - 4x + 3|$,$x \in \mathbf{R}$。根据图象写出它们的单调区间。一是让学生学会画图,为后面奇偶性的学习埋下伏笔;二是通过作图象,根据图象能写出其单调区间。

4. 能应用函数单调性解决有关求参数、解不等式等问题

求参数问题主要涉及分段函数的单调性,如:函数 $f(x) = \begin{cases} (3a-1)x + 4a, & x < 1, \\ -ax, & x \geq 1, \end{cases}$ 是定义在 $\mathbf{R}$ 上的减函数,求 a 的取值范围。教学中让学生理解分段函数如果在整个定义域上单调,则每段范围都要满足单调增(减),并且从左往右图象一直呈上升(下降)趋势,其中图象可以不连续。

教学中要让学生掌握利用函数的单调性比较函数值或自变量大小的方法。在解决比较函数值大小的问题时,要给学生强调注意将对应的自变量转化到同一个单调区间上。

5. 理解函数最值的定义,能利用函数图象或单调性求函数的最值

函数的最值与函数的单调性有着紧密的联系,通常,知道了函数的单调性,就能较方便地找到函数的最值。函数最值的概念的出现仍然是遵循从特殊到一般的原则。教学中可以向学生提供熟悉的素材,比如二次函数,给学生提供尝试的机会,引出最大值的概念,接着让学生用类比的方法独立获得最小值的概念,从而提升学生的数学思维能力。

教材例 4 是一个实际应用问题,本质是二次函数的最值,但需要用到物理中的斜抛运动知识,在教学中可以作适当的说明。

教材例5需要借助函数的单调性求函数最值。在教学时，应向学生强调证明函数单调性的重要性，只有在证明了函数在给定区间上是单调的，才能说明函数最值在区间端点处取得。

教学中还可适当补充利用图象求函数最值的例题，如：

已知函数 $f(x) = \begin{cases} x^2 - x\,(0 \leqslant x \leqslant 2), \\ \dfrac{2}{x-1}\,(x > 2), \end{cases}$ 求函数 $f(x)$ 的最大值、最小值。从而

培养学生的直观想象能力。

6. 掌握二次函数的最值问题

在教学中，通过具体的二次函数，让学生总结求二次函数的最值主要利用配方法，借助二次函数的单调性求解。需要适当补充含参数的二次函数的最值问题，一是区间固定，对称轴变动（含参数），求最值，如：求函数 $f(x) = x^2 - 2ax - 1$（a 为常数）在 $[0, 2]$ 上的最小值。二是对称轴固定，区间变动（含参数），求最值，如：已知二次函数 $f(x) = x^2 - 2x + 3$。当 $x \in [t, t+1]$ 时，求 $f(x)$ 的最小值 $g(t)$。让学生体会并逐步掌握分类讨论思想。

7. 理解函数奇偶性的概念

教学中要让学生认识到函数奇偶性与函数单调性不同，函数的奇偶性是函数的整体性质，即它要求定义域中任意一个自变量都具有这样的特性。教学中处理函数奇偶性时，继续沿用处理函数单调性的方法，即先给出几个特殊函数的图象，让学生获得函数奇偶性的直观定性认识；然后利用表格研究数量变化特征；最后通过代数运算，验证发现的数量特征的普遍性，在此基础上建立奇偶函数概念。将该过程概括起来就是：具体函数—图象特征（对称性）—数量刻画—符号语言—抽象定义—奇偶性判断。

8. 能判断函数的奇偶性

教材例6、练习第2题、习题3.2第5题，教学过程中可选用，目的是让学生用奇偶性的定义判断函数的奇偶性，教学中应让学生认识到并不是所有

的函数都具有奇偶性，如函数 $f(x) = \dfrac{x}{x-1}$，它的定义域并不关于原点对称，所以既不是奇函数也不是偶函数。教学中，还可适当补充判断分段函数的奇偶性，如：判断函数 $f(x) = \begin{cases} x+1, & x>0, \\ -x+1, & x<0, \end{cases}$ 的奇偶性，提升学生的数学抽象素养。

9. 能利用函数奇偶性作函数图象

教材中 P85 思考、练习第 1 题，教学过程中可选用。通过思考和练习，让学生总结利用奇偶性作函数图象的步骤。

10. 能应用函数奇偶性解决有关问题（求参数、解析式、比较大小，解不等式）

对于利用奇偶性求参数问题，教学中，应引导学生归纳总结出若自变量的取值不在已知的范围内，可利用奇偶性将未知的值（区间）转化为已知的值（区间），必要时需构造奇函数或偶函数便于求值；若解析式含参数，则根据 $f(-x) = -f(x)$ 或 $f(-x) = f(x)$ 列式，比较系数，利用待定系数法求解；若定义域含参数，则根据定义域关于原点对称，利用区间的端点和零点求参数。

教材习题 3.2 第 11 题涉及利用函数奇偶性求对称区间上的解析式，教学中可选用。教学中，可适当补充用构造方程组的方法求解析式，如：设 $f(x)$ 是偶函数，$g(x)$ 是奇函数，且 $f(x)+g(x) = \dfrac{1}{x-1}$，求函数 $f(x)$，$g(x)$ 的解析式。

利用奇偶性解决比较大小、解不等式问题往往需要与单调性相结合，教材习题 3.2 第 12 题也有所涉及，这是学生学习时的一个难点。教学时可适当增加这方面的题目，如：已知 $f(x)$ 是奇函数，且在区间 $[0, +\infty)$ 上单调递增，则 $f(-0.5)$，$f(-1)$，$f(0)$ 的大小关系是什么；定义在 $[-2, 2]$ 上的偶函数 $g(x)$，当 $x \geq 0$ 时，$g(x)$ 为减函数，若 $g(1-m) < g(m)$ 成立，求 m 的取值范围。

3.3 幂函数

（一）重点

五个幂函数的图象与性质。

（二）难点

画 $y = x^3$ 和 $y = x^{\frac{1}{2}}$ 的图象，通过 5 个幂函数的图象概括出它们的共性。

（三）易错易混点

（1）一般幂函数的性质；

（2）利用幂函数性质解决比较大小、求参数等问题。

（四）素养要求

以五个常见幂函数为载体，归纳幂函数的图象与性质，发展学生的数学抽象、逻辑推理素养。

（五）教学建议

教材将幂函数的内容安排在函数的一般概念和性质之后，是高中阶段研究的第一类具体函数。通过幂函数这一节，使学生理解研究某一类具体函数内容的基本思路（定义、表示——图象与性质——应用）和方法，围绕函数概念这个核心，从相互联系的观点出发，利用函数与数、代数式、方程、不等式之间的联系，通过类比、归纳和概括，引导学生从不同角度理解函数的概念，体会研究一类函数问题的"基本套路"。

本节教学过程中，主要解决如下问题：

1. 理解幂函数概念

教材从实际问题中得到 5 个常用的幂函数，通过归纳它们的共性，给出幂函数的概念。教学时，通过对这 5 个函数的图象和性质进行认识，可以拓展到对一般幂函数的讨论。在引导学生探究的过程中，注意提醒学生从函数图象和解析式两个角度认识函数的性质，从解析式中可以获得定义域、奇偶性等性质，这些性质也可以反过来帮助作图，使研究解析式和作函数图象相辅相成。

教材例题、练习第 3 题涉及利用函数单调性证明幂函数的单调性。教材中的例题在用单调性定义证明函数单调性的过程中，难点在代数变形上，这里可采用分子有理化的方法，这也是代数变形中常用的方法，可以培养学生的运算素养。

教材练习第 1 题体现了幂函数定义的应用，教学中可选用。

2. 能应用幂函数的图象解决简单问题

教学中可适当补充幂函数图象问题，如图 3－2 所示，图中的曲线是幂函数 $y = x^n$ 在第一象限的图象，已知 n 取 ± 2，$\pm \dfrac{1}{2}$ 四个值，则相应于 C_1，C_2，C_3，C_4 的 n 依次为（　　）

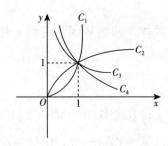

图 3－2

A. -2，$-\dfrac{1}{2}$，$\dfrac{1}{2}$，2　　　　B. 2，$\dfrac{1}{2}$，$-\dfrac{1}{2}$，-2

C. $-\dfrac{1}{2}$，-2，2，$\dfrac{1}{2}$　　　　D. 2，$\dfrac{1}{2}$，-2，$-\dfrac{1}{2}$

3. 能利用幂函数性质解决有关比较大小、求参数等问题

教材练习第 2 题体现了幂函数单调性在比较大小中的应用，教学中应注意不要用实数的性质直接去比较大小，应选取合适的幂函数模型，利用幂函数的单调性比较大小。

教学中可适当对幂函数性质的应用进行拓展，如：已知幂函数 $y = x^{p-3}$ $(p \in \mathbf{N}^*)$ 的图象关于 y 轴对称，且在 $(0，+\infty)$ 上单调递减，求满足 $(a+1)^{\frac{p}{3}} < (3-2a)^{\frac{p}{3}}$ 的 a 的取值范围，培养学生的综合能力。

3.4 函数的应用（一）

（一）重点、难点

将实际问题中的量抽象成数学中的变量，并找到变量之间的关系。

（二）易错易混点

从实际问题中提炼出变量，找到它们之间的关系。

（三）素养要求

使学生体会常见函数的变化异同，提升学生的数学抽象、数学建模、数据分析等素养。

（四）教学建议

本节教学过程中主要解决如下问题：通过实例感受函数的广泛应用，体会利用函数模型解决实际问题的过程与方法。

教材中两个例题都是给定数学模型的实际应用，教学中要注意引导学生体会应用函数知识解决实际问题的过程和方法，引导学生分析实际问题中存在几个变量，它们之间是什么关系，如何通过这些关系确定相应两个变量的关系等等，让学生充分体验数学抽象的过程。

（文/邓燕莉　审核/邓燕莉）

"指数函数与对数函数"解读

第一节　本章内容解读

一、知识框架

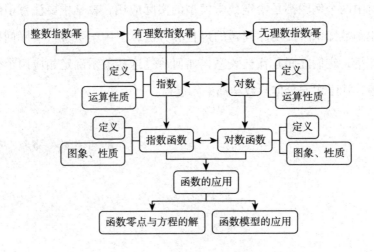

图 4 - 1

二、课标要求

本章含 4.1 至 4.5 五节，各节课标要求如下：

4.1 指数

通过对有理数指数幂 $a^{\frac{m}{n}}$（$a>0$，且 $a\neq1$；m，n 为整数，且 $n>0$）、实

数指数幂 a^x（$a>0$，$a\neq1$；$x\in\mathbf{R}$）含义的认识，了解指数幂的拓展过程，掌握指数幂的运算性质。

4.2 指数函数

通过具体实例，了解指数函数的实际意义，理解指数函数的概念。能借助描点法、信息技术画出具体指数函数的图象，探索并理解指数函数的单调性与特殊点。

4.3 对数

理解对数的概念和运算性质，知道用换底公式能将一般对数转化为自然对数或常用对数。

4.4 对数函数

（1）通过具体实例，了解对数函数的概念。能借助描点法、信息技术画出具体对数函数的图象，探索并了解对数函数的单调性与特殊点。

（2）知道对数函数 $y=\log_a x$ 与指数函数 $y=a^x$ 互为反函数（$a>0$，且 $a\neq1$）。

（3）收集、阅读对数概念的形成和发展的历史资料，撰写论文，论述对数发明的过程以及对数对简化运算的作用。

4.5 函数的应用（二）

（1）结合指数函数和对数函数的图象，进一步了解函数的零点与方程解的关系。

（2）结合具体连续函数及其图象的特点，了解函数零点存在定理，探索用二分法求方程近似解的思路并会画程序框图，能借助计算工具用二分法求方程的近似解，了解用二分法求方程近似解具有一般性。

（3）进一步理解函数模型是描述客观世界中变量关系和规律的重要数学语言和工具。结合现实情境中的具体问题，利用计算工具，比较对数函数、线性函数、指数函数增长速度的差异，理解"对数增长""直线上升""指数爆炸"等术语的现实含义。在实际情境中，会选择合适的函数类型刻画现实问题的变化规律。

（4）收集一些现实生活、生产实际或者经济领域中的函数模型，体会人们是如何借助函数刻画实际问题的，感悟数学模型中参数的现实意义。

三、课时设置

4.1 指数可设置 2~3 课时，涉及的内容有：章引言、n 次方根与分数指数幂的概念和基本运算性质、有理数指数幂运算性质及技巧、了解无理数指数幂及其运算性质、实数指数幂运算性质及技巧的熟练使用。

4.2 指数函数可设置约 4 课时，涉及的内容有：指数函数的概念、指数函数的图象与性质、指数函数性质的简单应用、指数函数性质的进一步应用、与指数函数有关的复合函数的性质应用。

4.3 对数可设置约 3 课时，涉及的内容有：对数的概念、指数式与对数式的互化、对数恒等式、对数常见性质、对数的运算性质、对数换底公式及其推论、与对数有关的运算问题。

4.4 对数函数可设置 5~6 课时，涉及的内容有：对数函数的概念、对数函数的图象与性质、对数函数性质的简单应用、对数函数性质的进一步应用、与对数函数有关的复合函数的性质应用、不同函数增长的差异。

4.5 函数的应用（二）可设置约 3 课时，涉及的内容有：函数零点的概念、零点存在定理、函数零点问题、二分法求方程的近似解、函数模型的应用。

数学建模活动可根据学生能力设置约 1 课时，引导学生经历一次完整的数学建模活动。

章末复习可设置约 3 课时，涉及的内容有：本章知识结构及知识梳理、指数与对数的运算、指数函数与对数函数的图象、指数函数与对数函数的性质、函数的零点及方程的根、函数模型的选择和应用。

四、新旧教材对比分析

本章内容在旧教材中出自必修一第二、三章，具体内容对比如下：

表 4 – 1

新教材		旧教材	
第四章 指数函数与对数函数	4.1 指数	第二章 基本初等函数（Ⅰ）	2.1 指数函数
	4.2 指数函数		
	4.3 对数		2.2 对数函数
	4.4 对数函数		
			2.3 幂函数
	4.5 函数的应用（二）	第三章 函数的应用	3.1 函数与方程
			3.2 函数模型及其应用

新教材在本章内容上有三大变化：一是将旧教材 2.3 幂函数提前至新教材必修第一册第三章，虽然此处学习内容无太大变化，但学生学习基本初等函数的顺序发生了变化，由原来的指数函数→对数函数→幂函数，变更为幂函数→指数函数→对数函数。幂函数与学生初中所学的一次函数、二次函数、反比例函数关系密切，以此为生长点研究函数性质，更有利于学生理解研究一类函数的内容和基本思路、基本方法。二是将旧教材第二、三章合并为一章，这一变化突出了函数知识的连续性和整体性，更容易体现"背景—概念—图象和性质—应用"的完整的函数研究套路，突显了新课标中强调函数应用价值的要求。三是将"指数""对数"单独设置为 1 节，强调了指数运算、对数运算的重要作用。

4.0 章引言

旧教材章头图为海洋鱼化石，章引言部分重点提出了几种自然界的变化现象，可以用本章的几类函数模型来研究。新教材章头图为我国著名的良渚遗址，章引言部分介绍了良渚遗址在我国考古史上的重要作用，并由此引出考古学家所用的数学知识就是本章知识。同样是通过测定碳 14 的含量推断生物年代，章引言的变化除了能渗透数学与历史文化，体现数学与现实生活的关联性和应用性以外，还能增强学生的民族自豪感，体现数学的育人价值。

此外，新教材在章引言中不仅介绍了本章将要学习的内容，了解到这些函数可以解决哪些现实问题,还一并提出了本章的研究方法。内容也更加详尽,语言更加精准,字词段落间更加具有连续性,在为学生指引本章的学习内容和方法上也更加具有指向性。

4.1 指数

旧教材此部分标题为 2.1.1 指数与指数幂的运算,内容包含根式、分数指数幂、无理数指数幂。新教材把"指数"单独划分成节后,内容包括了 4.1.1 n 次方根与分数指数幂,4.1.2 无理数指数幂及其运算性质。

旧教材在 2.1.1 之前设置了两个问题,问题 1 为我国 GDP 的平均增长率问题,问题 2 为生物体内碳 14 含量与死亡年数的关系,意在通过两个问题回顾整数指数幂,感受其中的函数模型,再进一步感受整数指数幂推广的必要性。新教材却在本小节删去了这两个问题,而是由第三章幂函数中出现的以分数为指数的幂的记法直接引入。作为指数函数的前置内容,这一变化摒弃了指数运算的附属地位,突显了教材对指数运算的重视程度。

另外,新教材在无理数指数幂之后还具体罗列了实数指数幂的运算性质,使得后续在涉及实数指数幂的运算时有据可循。

4.2 指数函数

本节内容对比分析如下:

表 4-2

	新教材		旧教材
4.2.1 指数函数的概念	问题1　两地景区的游客人次变化规律问题 问题2　生物体内碳14含量与死亡年数的关系问题 探究两个问题中解析式的共同特征,归纳指数函数的概念 例1　利用解析式列方程求底数 例2　(1) A、B 两地旅游收入变化情况 (2) 生物体内碳14含量衰减	2.1.2 指数函数及其性质	问题1　我国 GDP 的平均增长率问题 问题2　生物体内碳14含量与死亡年数的关系问题 探究两个问题中解析式的共同特征,归纳指数函数的概念 例6　利用解析式列方程求底数

续 表

新教材		旧教材
4.2.2 指数函数的图象和性质	分别画出函数 $y=2^x$ 和 $y=\left(\dfrac{1}{2}\right)^x$ 的图象，发现两个函数图象的对称关系；选取底数的若干个不同的值，在同一坐标系下作出相应函数图象，观察图象的共同特征，归纳指数函数的图象和性质 例3　比较大小 例4　人口增长问题	2.1.2 指数函数及其性质

旧教材列：

分别画出函数 $y=2^x$ 和 $y=\left(\dfrac{1}{2}\right)^x$ 的图象，发现两个函数图象的对称关系；选取底数的若干个不同的值，在同一坐标系下作出相应函数图象，观察图象的共同特征，归纳指数函数的图象和性质
例7　比较大小
例8　人口增长问题

4.2 的主要变化在指数函数的概念部分。问题 1 由我国 GDP 的平均增长率问题修改为了两地景区的游客人次变化规律问题，问题设计更贴近学生现实生活，促进学生了解国家经济发展。问题 1 的给出方式也与以往不同，教材首先给出一组源于真实数据的表格，引导学生分析数据，找到处理数据的方法，再进一步分析数据间的关联，尝试分析数据特征，建构函数。强调函数的现实背景，既完善了函数研究的基本套路，更有利于发展学生的数学建模素养。教材通过详细分析两地景区游客人次的函数模型，提出刻画事物变化规律的两个很重要的量：增长量、增长率；并引入了指数增长的概念。同时在问题 2 中，也一并引入了指数衰减的概念。这几点变化，秉承了新课标中突出指数函数所刻画的运动变化现象的数学规律的要求。

教材按照利用函数图象研究函数性质的"三步曲"进行：先作出具体函数的图象；再通过观察，比较不同函数的图象；最后归纳它们的共同特征，并用数学语言加以表达。

在作出若干个不同底数的指数函数图象时，新教材还明确提出了使用信息技术画图，体现了新课标充分重视信息技术与数学课程的融合，发挥了信息技术快速计算、作图分析的强大功能。

例题方面，新教材在指数函数的概念后增加了例 2，该例题是问题 1、2 的延续，学生通过该题可以进一步了解指数函数的实际意义，并理解指数函

数的概念。例4的人口增长问题，更改了题目的设问方式，提出了与半衰期相对应的倍增期概念，利用了指数函数的图象分析和解决问题，建立了函数图象与概念、性质的联系。

4.3 对数

本节内容新旧教材无较大变化。

4.4 对数函数

本节内容对比分析如下：

表 4 – 3

	新教材		旧教材
4.4.1 对数函数的概念	演绎推理得到对数函数概念 例1 求函数的定义域 例2 物价变化问题		根据2.2.1例6直接得出对数函数的概念 例7 求函数的定义域
4.4.2 对数函数的图象和性质	分别画出函数 $y=\log_2 x$ 和 $y=\log_+ x$ 的图象，发现两个函数图象的对称关系；选取底数的若干个不同的值，在同一坐标系下作出相应函数图象，观察图象的共同特征，归纳对数函数的图象和性质 例3 比较大小 例4 溶液酸碱度的测量 反函数的概念以及它们的定义域、值域的关系 探究与发现互为反函数的两个函数图象间的关系	2.2.2 对数函数及其性质	分别画出函数 $y=\log_2 x$ 和 $y=\log_+ x$ 的图象，发现两个函数图象的对称关系；选取底数的若干个不同的值，在同一坐标系下作出相应函数图象，观察图象的共同特征，归纳对数函数的图象和性质 例8 比较大小 例9 溶液酸碱度的测量 反函数的概念 探究与发现互为反函数的两个函数图象间的关系
4.4.3 不同函数增长的差异	比较 $y=2^x$ 和 $y=2x$ 的增长差异，再推广到 $y=a^x$ $(a>1)$ 和 $y=kx$ $(k>0)$ 的增长差异 比较 $y=\lg x$ 和 $y=\dfrac{1}{10}x$ 的增长差异，再推广到 $y=\log_a x$ $(a>1)$ 和 $y=kx$ $(k>0)$ 的增长差异 讨论交流"直线上升""对数增长""指数爆炸"的含义	3.2.1 几类不同增长的函数模型	从例1、例2两个例子中看到三类函数的增长有差异，以 $y=2^x$，$y=x^2$，$y=\log_2 x$ 为例进行探究，得到 $y=a^x$ $(a>1)$，$y=\log_a x$ $(a>1)$，$y=x^n$ $(n>0)$ 的增长差异

旧教材在对数函数概念的生成环节着墨不多，而新教材在此处则采用了演绎推理的方式。不仅从运算推理的角度进行了分析，还从图象上获得直观认识后再回到函数的定义进行分析。教材从两个方面帮助学生深入理解对数函数的概念，强调了函数图象对于函数概念的作用，也让学生体会概念生成的另一种方式。反函数的教学里强调了互为反函数的两个函数二者的定义域和值域的关系。例题方面，增加了实际问题例2，帮助学生进一步理解对数函数的概念，了解对数函数的实际意义，学生通过例2也能初步体会对数增长的特点。

值得注意的是，新教材在不同函数增长差异的部分变动很大。要选择恰当的函数类型构建数学模型，需要先弄清楚不同类型函数所刻画的变化规律的差异，因此新教材在本小节的设计更符合认知事物的逻辑规律。

教材承接了指数函数概念生成时设置的问题1的函数背景，引导学生首先借助信息技术分析指数函数与一次函数的增长差异，再类比指数函数与一次函数的研究方法，顺势提出可按照此法研究对数函数与一次函数。将指数函数、对数函数分别与一次函数对比观察，主要是能够更方便地设置不同变量，使得学生可以直观感受不同函数的增长差异。新教材还明确提出了"直线上升""对数增长""指数爆炸"三个词语，为4.5.3中进一步选择函数模型解决现实问题建立了理论基础。

4.5 函数的应用（二）

本节内容对比分析如下：

表4-4

	新教材		旧教材
4.5.1 函数的零点与方程的根	给出函数零点的概念 函数零点存在定理 例1 应用函数零点存在定理和函数性质判定方程的解	3.1.1 方程的根与函数的零点	给出函数零点的概念 函数零点存在定理 例1 应用函数零点存在定理和函数性质判定方程的解

新教材		旧教材	
4.5.2 用二分法求方程的近似解	尝试缩小区间逼近例1中方程的零点 给出二分法的概念 得出用二分法求函数零点的近似值的一般步骤 例2 用二分法求方程的近似解 阅读与思考 中外历史上的方程求解	3.1.2 用二分法求方程的近似解	尝试缩小区间逼近例1中方程的零点 给出二分法的概念 得出用二分法求函数零点的近似值的一般步骤 例2 用二分法求方程的近似解 阅读与思考 中外历史上的方程求解
4.5.3 函数模型的应用	例3 马尔萨斯人口增长模型 例4 良渚古城水坝年代推断 例5 投资回报问题 例6 选择奖励模型	3.2.1 几类不同增长的函数模型	例1 投资回报问题 例2 选择奖励模型 讨论 $y=a^x$($a>1$),$y=\log_a x$($a>1$),$y=x^n$($n>0$)的增长差异
		3.2.2 函数模型的应用实例	例3 建立汽车行驶路程与时间的函数关系 例4 马尔萨斯人口增长模型 例5 桶装水经营部最大利润问题 例6 未成年男性身高与体重函数模型

为了突出函数应用的广泛性,加强函数与其他数学知识的联系性,本节内容在应用(一)的基础上,从学科内外两个方面的应用展开。学科内是用函数观点认识方程,学科外则是以现实背景体现函数的应用价值。

前两小节新旧教材只有两个小变化:一是第1小节的标题名称调整了顺序,这个调整主要是突出了函数的主体地位,即便是研究方程,也当是用函数的观点来认识并加以研究和解决;二是旧教材在给出函数零点时,是从一元二次方程与一元二次函数的图象关系入手,详细地分析了二者的关联,而新教材在本册第二章时就已研究过相关问题,因此教材在给出概念的部分就非常直接。

新教材在第 3 小节中设置了 4 个例题，前两个例题体现的是利用已知函数模型解决实际问题，后两个例题体现的是选择合适的函数模型解决实际问题，这个基本思路与旧教材相比并未发生变化。区别在于在新教材中增加了良渚古城水坝年代推断问题，意在回答章引言的设问，引导学生进一步认识这个函数模型；例 5、例 6 的作用，由旧教材的引出不同函数的增长差异，变更为培养学生运用函数观点分析问题的意识，更侧重于数学建模；删除了 3 个问题，主要是避免了相似问题的重复。

4.6 章末活动

表 4 – 5

	新教材		旧教材
文献阅读与 数 学 写作*	对数概念的形成与发展	信息技术应用	收集数据并建立函数模型
数学建模活动	数学建模活动实例：茶水最佳饮用时间 概括建立函数模型解决实际问题的基本过程 自选课题完成一次数学建模活动并撰写一份研究报告	实习作业	设计方法验证牛顿冷却模型，完成一份实习作业报告

"文献阅读与数学写作"是新教材的一个新颖栏目，让学生围绕对数概念的形成和发展，体会对数在数学的发展、人类社会发展中的作用。学生在了解数学史的同时感悟数学知识的产生、变化与发展过程。

虽然旧教材在第三章中给出了建立数学模型的基本过程，但是并未深入探讨与分析，学生仅仅停留在表面的认知水平。新教材则在章末单独设置了一次数学建模活动，将数学建模素养的培养置于"桌面"上，让学生亲身经历建模活动的整个过程。活动以最具中国特色的茶文化为引，选题新颖，是体现中华优秀传统文化融入数学课堂教学的最好实例之一。在渗透数学文化

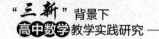
的同时，也能够极大地锻炼学生小组合作能力、收集与处理信息的能力和利用数学模型解决问题的能力，还有利于让学生积累更多的活动经验和解决问题的经验。

（文/鲁洁玉　审核/苗凤琼）

第二节　本章高考内容解读

　　课程标准指出，幂函数、指数函数与对数函数是最基本、应用最广泛的函数，是进一步学习数学的基础。本章节的学习，可以帮助学生学会用函数图象和代数运算的方法研究这些函数的性质，理解这些函数中蕴含的运算规律；运用这些函数建立模型，解决简单的实际问题，体会这些函数在解决实际问题中的作用。

　　指数函数与对数函数是每年高考重点考查内容，也是难点。既可以独立考查，侧重于指数函数与对数函数的图象与基本性质；也可以融入其他内容，结合不等式考查指数函数与对数运算，着重于数学运算；结合实际情景考查学生利用数学模型解决实际问题的能力，着重于数学建模；结合函数零点、导数等相关知识考查学生综合运用能力，着重于数学抽象、逻辑推理。近年来，比较指数式、对数式、三角函数式等的大小成为热门题型，其解决方案一般为构造同构函数，利用导数判定单调性，再结合单调性比较大小。综合来看，本部分内容在选择、填空、解答题中均有涉及，且难度层次丰富，命题灵活多变，是高考数学的重要一环。

一、考查内容分析

（一）"比较大小"类试题考查内容分析

　　2020—2022 年高考试卷中关于"比较大小"类试题的考查情况如表 4 - 6 所示。

表 4-6

试卷	题号	分值	题型	考点
2022 年新高考 I 卷	7	5	单选题	指数式、分数、对数式
2021 年新高考 II 卷	7	5	单选题	对数式、分数
2021 年全国乙卷	12	5	单选题	对数式、根式
2020 年全国 I 卷	12	5	单选题	已知方程，比较参数大小
2020 年全国 II 卷	11	5	单选题	已知不等式，比较对数式大小

从题型上看，"比较大小"类试题主要以客观题形式呈现，包含中档题。近年来，基本每份高考试卷中都会设置 1 道相关试题。这也催生了网络上一些非高中内容的解法，作为教师可适度了解。从核心素养上看，主要考查素养为数学抽象、逻辑推理。从考查形式上看，主要是以对数式、指数式、根式、三角函数式等作为载体，实际考查构造函数，利用单调性解决问题。

从以上统计情况来看，"比较大小"类试题的题型、题量，考点分布，考查形式和难度近几年趋于稳定，部分试题都能在新教材的例题和习题中找到原型，例如：新教材 P141 的拓广探索，很好地保持了高考命题的连续性和稳定性。

（二）指数函数与对数函数图象与性质考查内容分析

2020—2022 年高考试卷中关于指数函数与对数函数图象与性质的考查情况如表 4-7 所示。

表 4-7

试卷	题号	分值	题型	考点
2022 年新高考 I 卷	15	5	填空题	指数型函数的切线
2022 年新高考 II 卷	14	5	填空题	对数型函数的切线
2022 年全国甲卷	5	5	单选题	指数型函数的图象
2022 年全国甲卷	6	5	单选题	对数型函数的极值、最值
2021 年新高考 I 卷	7	5	单选题	指数型函数的切线
2020 年新高考 II 卷	7	5	单选题	对数型复合函数的单调性
2020 年全国 II 卷	9	5	单选题	含绝对值的对数型函数的奇偶性、单调性

从题型、题量上看，考查指数函数与对数函数图象与性质的试题主要以客观题形式呈现，各份高考试卷最多设置 1 道题。从考点分布上看，主要考查内容为指数函数与对数函数的基本性质等。从考查形式上看，相关试题都是以指数函数与对数函数为载体，侧重考查条件函数的基本性质、切线、极值、最值、图象等。

从以上统计情况看，常用指数函数与对数函数图象与性质的题型、题量、考点分布，考查形式和难度同往年基本保持不变。

（三）指数函数与对数函数实际应用考查内容分析

2020—2022 年高考试卷中关于指数函数与对数函数实际应用的考查情况如表 4-8 所示。

表 4-8

试卷	题号	分值	题型	实际情景
2021 年全国甲卷	4	5	选择题	青少年视力
2020 年全国Ⅰ卷	5	5	单选题	种子发芽率
2020 年新高考Ⅰ卷	6	5	单选题	新冠感染传染病模型
2020 年全国Ⅲ卷	4	5	单选题	新冠感染传染病模型

从题型、题量上看，以指数函数与对数函数为背景的实际应用问题主要以客观题形式呈现，各份高考试卷一般设置 1 道题。从考点分布上看，主要考查学生在实际问题情境中的阅读理解、利用数学模型解决问题的能力。从考查形式上看，问题情境多样，但往往最后会归结于指数函数与对数函数运算，并且需要一定的计算技巧，着重考查学生数学运算能力。

从新教材情况来讲，本单元新教材安排了 40 多个实际问题，涉及游客人次与旅游收入的指数增长、碳 14 考古、人口增长模型、产品产量增长率、储蓄利率（复利）、地震释放的能量与震级的关系、GDP 增长率、血液中酒精含量或药物含量的指数衰减、物价的增长率、溶液酸碱度、火箭飞行的运动规律、鲑鱼流速与耗氧量的关系、声强级别、动物或植物自然繁殖的规律、投资方案的选择、数据量的爆炸式增长、特定人群身高体重的关系、汽车耗油量、废气减排、物体冷却模型等各种各样的现实问题。

从以上统计情况看，以指数函数与对数函数为背景的实际应用问题的题型、题量，考点分布，考查形式和难度同往年基本保持不变。值得一提的是实际应用问题在每年每张高考卷上都有体现，且情境中的模型多种多样，涉及指数函数与对数函数、三角函数、根式等等，在2022年高考全国试卷中均未出现以指数函数与对数函数为背景的实际应用问题。

（四）函数零点相关试题考查内容分析

2020—2022年高考试卷中关于函数零点相关试题的考查情况如表4-9所示。

表4-9

试卷	题号	分值	题型	考点
2022年新高考Ⅰ卷	10	5	多选题	三次函数的极值、零点
2022年全国乙卷	21	12	解答题	利用导数研究函数零点
2022年全国甲卷	11	5	单选题	三角函数卡根法
2022年全国甲卷	21	12	解答题	极值点偏移，构造函数证明不等式
2021年新高考Ⅱ卷	22	12	解答题	利用导数研究函数单调性
2020年全国Ⅲ卷	21	12	解答题	利用导数研究函数零点

从题型、题量上看，函数零点相关试题在客观题、主观题中均有涉及。单独考查时，一般较为简单；但更多的函数零点问题往往是结合导数作为压轴题出现。从核心素养上看，主要考查的素养为数学抽象、逻辑推理。从考查形式上看，主要是以指数函数与对数函数作为载体，利用导数结合零点存在定理研究函数单调性、零点等相关问题，考查学生综合利用知识的能力。

从以上统计情况来看，函数零点相关试题的题型、题量、考点分布、考查形式和难度近几年基本未发生变化，部分试题都能在新教材的例题和习题中找到原型，很好地体现了高考题来源并改编于教材习题，并保持了命题的连续性和稳定性。

二、命题特点的分析

（一）热衷"比大小"，突显丰富的数学思想

"最珍贵的食材往往只需要用最简单的烹饪方式"，近年来在高考中流行的"比大小"相关题目与这句话的含义不谋而合。"比大小"是幼儿园学生也在做的一类题型，其题意通俗易懂，不用任何中学数学知识也能明白这类题目在问什么。由于其问题情境简单，所以能利用多种数学思想例如作差、同构、化归、泰勒展开等数学思想得出不同的解法，正由于其解法多样、设问简单，往往使不少考生面对佳肴无从下"筷"。同构、化归等丰富的数学思想在"比大小"这样最简单的烹饪方式下也激发出了独特的风味。

例1 （2022 年新高考全国 I 卷·第 7 题）设 $a = 0.1e^{0.1}$，$b = \dfrac{1}{9}$，$c = -\ln 0.9$，则（　　）

A. $a < b < c$ 　　 B. $c < b < a$ 　　 C. $c < a < b$ 　　 D. $a < c < b$

【答案】C

【考查目标】构造同构函数，常用不等式，利用导数研究函数单调性。

【试题分析】试题以最简单的设问方式展开，却蕴含了丰富的数学思想与极强的构造思维。着重考查作差、作商后构造适当的函数，利用导数研究函数单调性，从而比较大小。考查学生的创造思维，要求学生在简单的式子中发现本质相同的结构，属于困难题。考查了转化与化归、同构等思想，以及学生的数学抽象素养。同时也给部分先修高数知识的学生留下了更多的发展空间，体现出高考的选拔性，同时也可看出高考鼓励考生适度提前了解高数知识。这类题在教材的例题与习题多次出现，考查形式相对稳定，预计未来高考依旧会出现。

（二）立足基础，注意融合，难度层次丰富

指对函数作为最基本的、应用最广泛的函数，是每年高考的必考内容，单选、多选、填空、解答题均有分布，具体考查方式多样，灵活多变。除此之外，本单元的反函数也有少许考查；函数零点存在定理常结合导数、不等

式作为压轴题，难度较高。综上所述，本单元考查知识内容丰富，考查难度广，由易至难的题都有考查。

例2 （2022年新高考全国Ⅰ卷·第15题）若曲线 $y = (x + a)e^x$ 有两条过坐标原点的切线，则 a 的取值范围是＿＿＿＿＿＿。

【答案】$(-\infty, -4) \cup (0, +\infty)$

【考查目标】导数的几何意义，指数函数的性质。

【试题分析】设出切点横坐标 x_0，利用导数的几何意义求得切线方程，根据切线经过原点得到关于 x_0 的方程，根据此方程应有两个不同的实数根，求得 a 的取值范围。试题以复合型指数函数为背景，结合导数的几何意义等基础知识，考查学生的运算求解能力，属于基础题。这类题在教材的例题与习题多次出现，考查形式相对稳定。

（三）强调应用，体现函数模型的工具性

函数是描述客观世界中变量关系和规律的最为基本的数学语言和工具，指数函数、对数函数和幂函数是最基本且应用最广泛的函数。在学习这些函数的过程中，加强背景与应用，既是为了使学生了解这些函数的来源，有效地经历概念的抽象过程，更深刻地理解这些函数的本质，也是为了使学生明确这些函数分别描述了现实世界中哪一类变量关系和规律，从而为学生在面对具体问题时能正确选择函数模型、建立适当地数学模型解决实际问题打下坚实基础。同时，这也是为了把数学建模素养的培养落实在本单元学习全过程的需要。

例3 （2021全国甲卷·第4题）青少年视力是社会普遍关注的问题，视力情况可借助视力表测量。通常用五分记录法和小数记录法记录视力数据，五分记录法的数据 L 和小数记录法的数据 V 满足 $L = 5 + \lg V$。已知某同学视力的五分记录法的数据为 4.9，则其视力的小数记录法的数据约为（　　）

$(\sqrt[10]{10} \approx 1.259)$

A. 1.5　　　　B. 1.2　　　　C. 0.8　　　　D. 0.6

【答案】C

【考查目标】指数、对数的运算；数学建模。

【试题分析】此题以视力的五分记录法与小数记录法的转换为载体，侧重考查了学生指对运算的能力。要求学生借助给出的数学模型完成五分记录法到小数记录法的转换，贴近实际，属于基础题。体现了数学的广泛应用性，考查了学生的数学运算和数学建模素养。

（四）难度担当，体现数学高考的选拔性

高考的基本功能是为不同类型的高校选拔出符合要求的新生，其选拔水平关系到高等教育质量乃至国家创新人才的培养质量。因此，高考必须充分适应新时代发展对多样化高素质人才的需求，注重对实践能力、创新精神等综合素养的全面体现，从而助力高等教育创新型、复合型、应用型人才的培养。因此在高考数学中，必须设置具有一定综合性、一定创新性、一定难度的题目，而利用导数研究函数零点相关问题是其中最具代表性的一种。

例4　（2022 全国甲卷·第 21 题）已知函数 $f(x) = \dfrac{e^x}{x} - \ln x + x - a$。

（1）若 $f(x) \geqslant 0$，求 a 的取值范围；

（2）证明：若 $f(x)$ 有两个零点 x_1，x_2，则 $x_1 x_2 < 1$。

【答案】

解：（1）$f(x)$ 的定义域为 $(0, +\infty)$，

$$f'(x) = \left(\frac{1}{x} - \frac{1}{x^2}\right)e^x - \frac{1}{x} + 1 = \frac{1}{x}\left(1 - \frac{1}{x}\right)e^x + \left(1 - \frac{1}{x}\right) = \frac{x-1}{x}\left(\frac{e^x}{x} + 1\right)。$$

令 $f'(x) = 0$，得 $x = 1$，

当 $x \in (0, 1)$ 时，$f'(x) < 0$，$f(x)$ 单调递减，

当 $x \in (1, +\infty)$ 时，$f'(x) > 0$，$f(x)$ 单调递增，

则 $f(x) \geqslant f(1) = e + 1 - a$，

若 $f(x) \geqslant 0$，则 $e + 1 - a \geqslant 0$，即 $a \leqslant e + 1$，

所以 a 的取值范围为 $(-\infty, e + 1]$。

（2）由题知，$f(x)$ 的一个零点小于1，一个零点大于1，

不妨设 $x_1 < 1 < x_2$，

要证 $x_1 x_2 < 1$，即证 $x_1 < \dfrac{1}{x_2}$，

因为 $x_1,\ \dfrac{1}{x_2} \in (0,\ 1)$，即证 $f(x_1) > f\left(\dfrac{1}{x_2}\right)$，

因为 $f(x_1) = f(x_2)$，即证 $f(x_2) > f\left(\dfrac{1}{x_2}\right)$，

即证 $\dfrac{e^x}{x} - \ln x + x - x e^{\frac{1}{x}} - \ln x - \dfrac{1}{x} > 0$，$x \in (1,\ +\infty)$，

即证 $\dfrac{e^x}{x} - x e^{\frac{1}{x}} - 2\left[\ln x - \dfrac{1}{2}\left(x - \dfrac{1}{x}\right)\right] > 0$。

下面证明 $x > 1$ 时，$\dfrac{e^x}{x} - x e^{\frac{1}{x}} > 0$，$\ln x - \dfrac{1}{2}\left(x - \dfrac{1}{x}\right) < 0$，

设 $g(x) = \dfrac{e^x}{x} - x e^{\frac{1}{x}}$，$x > 1$，

则 $g'(x) = \left(\dfrac{1}{x} - \dfrac{1}{x^2}\right)e^x - \left[e^{\frac{1}{x}} + x e^{\frac{1}{x}} \cdot \left(-\dfrac{1}{x^2}\right)\right] = \dfrac{1}{x}\left(1 - \dfrac{1}{x}\right)e^x - e^{\frac{1}{x}}\left(1 - \dfrac{1}{x}\right)$

$= \left(1 - \dfrac{1}{x}\right)\left(\dfrac{e^x}{x} - e^{\frac{1}{x}}\right) = \dfrac{x-1}{x}\left(\dfrac{e^x}{x} - e^{\frac{1}{x}}\right)$。

设 $\varphi(x) = \dfrac{e^x}{x}(x > 1)$，$\varphi'(x) = \left(\dfrac{1}{x} - \dfrac{1}{x^2}\right)e^x = \dfrac{x-1}{x^2}e^x > 0$，

所以 $\varphi(x) > \varphi(1) = e$，而 $e^{\frac{1}{x}} < e$，

所以 $\dfrac{e^x}{x} - e^{\frac{1}{x}} > 0$，所以 $g'(x) > 0$，

所以 $g(x)$ 在 $(1,\ +\infty)$ 单调递增，

即 $g(x) > g(1) = 0$，所以 $\dfrac{e^x}{x} - x e^{\frac{1}{x}} > 0$，

令 $h(x) = \ln x - \dfrac{1}{2}\left(x - \dfrac{1}{x}\right)$，$x > 1$，

$h'(x) = \dfrac{1}{x} - \dfrac{1}{2}\left(1 + \dfrac{1}{x^2}\right) = \dfrac{2x - x^2 - 1}{2x^2} = \dfrac{-(x-1)^2}{2x^2} < 0$，

所以 $h(x)$ 在 $(1, +\infty)$ 单调递减,

即 $h(x) < h(1) = 0$,所以 $\ln x - \dfrac{1}{2}\left(x - \dfrac{1}{x}\right) < 0$。

综上,$\dfrac{e^x}{x} - xe^{\frac{1}{x}} - 2\left[\ln x - \dfrac{1}{2}\left(x - \dfrac{1}{x}\right)\right] > 0$,所以 $x_1 x_2 < 1$。

【考查目标】极值点偏移问题,构造函数证明不等式,利用导数研究函数零点的相关问题。

【试题分析】此题以极值点偏移问题为载体,综合考查考生利用分析法构造函数证明不等式的能力。接着再利用导数工具研究构造出的函数的单调性,求出最值,完成证明。其中 $h(x) = \ln x - \dfrac{1}{2}\left(x - \dfrac{1}{x}\right)$ 这个函数经常出现,学有余力的同学可以掌握。利用导数研究函数零点的相关问题着重考查逻辑思维和运算求解能力,考查转化与化归等方法,以及逻辑推理和数学运算等素养,实现高考的选拔功能。

(文/李沙桐　审核/苗凤琼)

第三节　学科素养背景下本章教学建议

一、指数与对数

本章课标要求有如下两点：

（1）指数的要求：通过对有理数指数幂、实数指数幂（$a > 0$ 且 $a \neq 1$，$a \in \mathbf{R}$）含义的认识，了解指数幂的拓展过程，掌握指数幂的运算性质。

（2）对数的要求：理解对数的概念和运算性质，知道用换底公式能将一般对数转化成自然对数或常用对数。

围绕这两个要求，本章需思考两个方面的问题：一是指数幂的研究与数系的扩充有怎样的内在联系，又有怎样的不同，指数幂 a^x 的研究重点是什么，如何加强指数幂拓展过程发展学生理性思维；二是怎样建构对数的研究路径，建立对数概念要完成哪几件事情，如何引导学生研究对数的运算性质，才更有利于发展学生的理性思维，如何让学生感受研究对数换底公式的必要性。

（一）重点

实数指数幂的运算及其性质，对数的概念，对数的运算性质。

（二）难点

用有理数指数幂逼近无理数指数幂，对数运算性质的得出，对数换底公式的推导。

（三）易错易混点

在运用对数运算性质过程中，只能同底对数相加减，不能进行乘除运算，尤其是除法，只能用换底公式进行运算，没有其他的运算性质。

（四）素养要求

从根式、分数指数幂概念的形成及拓展过程发展数学抽象素养，正确进行根式化简求值、根式与分数指数幂的互化及运算，提升学生的数学运算素养。

能够结合教材实例了解指数幂的拓展过程，掌握实数指数幂及其运算性质在指数运算中的应用，提升数学抽象与数学运算素养。会用对数的定义进行对数式与指数式的互化，理解和掌握对数的性质，会求简单的对数值，发展数学抽象及数学运算素养。通过本节课的学习，掌握对数的运算、性质及换底公式，会用对数的运算性质进行化简求值，进一步提升数学抽象、逻辑推理和数学运算素养。

（五）教学建议

1. 教材例题的教学建议

例2通过具体的数字运算，巩固分数指数幂的概念意义以及分数指数幂的运算性质。例3通过一般表达式的运算，巩固分数指数幂和 n 次方根的相互转化，特别是把 n 次方根转化为分数指数幂进行运算，再把结果表示为分数指数幂的形式。

例4具有一定的综合性，需要综合运用 n 次方根、分数指数幂的概念、分数指数幂的运算性质以及式的加减乘除等进行运算，目的是巩固有理数指数幂的运算性质。

例3与例4中为了考虑问题的方便，主要是理解有关概念及运算性质，我们假定作为被开方数的字母均为正数，实际上考虑到后面学习指数函数及对数函数字母为负数，有时没有意义。

这些例题的设计主要是培养学生的数学运算、逻辑推理这两个核心素养。

2. 教材习题的教学建议

教材 P109 复习巩固题第 1 题至第 5 题主要是体现逻辑推理、数学运算这两种素养，建议所有的人都要做。综合运用部分，第 6 题体现逻辑推理的素养，第 7 题与第 8 题体现数学运算以及代换的方法，要加强练习。拓广探索部分，第 9 题和第 10 题体现极限思想以及数学建模的素养。

教材 P126 复习巩固题需要全做，主要是训练学生的逻辑推理以及数学运算的能力。综合运用部分，着重要注意第 6 题，它有多种解法，培养学生灵活运用知识、灵活解决问题的能力。拓广探索部分，第 9 题体现了逻辑推理，第 10 题主要是数学建模的思想，也非常的重要。

二、指数函数与对数函数

本单元内容要求如下：

通过具体实例，了解指数函数的实际意义，理解指数函数的概念。能用描点法或借助计算工具画出具体指数函数的图象，并理解指数函数的单调性与特殊点。通过具体实例了解对数函数的概念，能用描点法或借助计算工具画出具体对数函数的图象，探索并了解对数函数的单调性与特殊点。知道对数函数 $y = \log_a x$（$a > 0$ 且 $a \neq 1$）与指数函数 $y = a^x$（$a > 0$ 且 $a \neq 1$）互为反函数。

围绕这两个要求，需要思考几个问题：

第一，指数函数刻画了哪类现实问题的变化规律。

第二，如何引导学生抽象指数函数概念。

课堂标准提出指数函数的教学，应关注指数函数的运算法则和变化规律，引导学生经历从整数指数幂到有理数指数幂，再到实数指数幂的拓展过程，掌握指数函数的运算法则和变化规律。我们应该如何理解课程标准的这一要求？

第三，对数函数与其他类型的函数概念的抽象过程比较，对数函数概念的抽象过程有怎样的特点。

第四，如何体现用对数函数图象和对数运算研究对数函数的性质。

（一）重点

指数函数的概念、图象和性质；对数函数的概念、图象和性质。

（二）难点

指数函数概念及性质的理解，对数函数性质的归纳，对指数爆炸、直线上升、对数增长的理解。

（三）易错易混点

指数函数与对数函数的底数 $a>0$ 且 $a\neq 1$ 的理解，容易犯错。对数函数与指数函数互为反函数。

（四）素养要求

通过理解指数函数的概念和意义，发展数学抽象素养；通过指数函数的实际应用，发展数学建模素养；通过借助计算工具画出简单指数函数的图象，发展直观想象素养；通过指数性质的应用，提升数学运算素养；借助指数函数的性质，研究指数函数的相关问题，提升学生的数学运算和数学抽象素养。

类比指数函数的研究思路研究对数函数，即通过对数函数概念的学习，提升数学抽象素养；借助于对数函数在生产实际中的应用，发展数学建模素养；借助于对数函数图象的识别与应用，发展直观想象素养；通过对数函数性质的应用，提升数学运算素养。理解对数函数的性质，并能利用对数函数的性质解决求最值、解不等式等综合问题，发展逻辑推理及数学运算素养。同时，使学生体会常见函数的变化异同，提升学生数学抽象、数学建模等素养。

（五）教学建议

1. 教材例题的教学建议

教材 P117 例 3 的主要目的是利用指数函数的单调性比较两个数的大小，根据问题的特点构造适当的指数函数是关键，也是难点。本例能够帮助学生进一步熟悉指数函数的性质，并促使他们形成用对数函数观点解决问题的意识。

教材 P118 例 4 的主要目的是利用对指数函数的图象分析和解决问题，建立函数图象与概念性质的联系，进一步促使学生形成用函数观点解决问题的意识。

练习第 1 题，通过底数互为倒数的两个指数函数的关系，进一步熟悉指数函数的图象和性质，可结合本小节的探究完成练习。

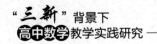

练习第 2 题,利用指数函数的单调性,比较两个数的大小,进一步熟悉指数函数的性质,可结合例 3 完成练习。

练习第 3 题,利用图象体现实际问题的变化规律,建立与指数函数的概念性质的联系。

教材 P133 例 3 的主要目的是利用对数函数的单调性比较两个数的大小,根据问题的特点构造适当的对数函数是关键,也是难点。本例能让学生进一步熟悉对数函数的性质,并促使他们形成用函数观点解决问题的意识。

教材 P133 例 4 的主要目的是利用对数函数的概念和性质解决问题。本例进一步熟悉对数函数的性质,并促使学生形成用函数观点解决问题的意识。

2. 教材习题的教学建议

指数函数部分的巩固习题不做详细的建议。

对数函数部分的复习巩固参考题一定要着重注意两个方面:

第一,涉及应用数学建模的题一定要引起重视,因为近几年的高考热点很多都涉及对数函数与指数函数相关的这种数学建模的应用题,所以教材当中出现的要引起重视。

第二,教材 P141 的拓广探索第 12 题、第 13 题这两个题要引导学生认真完成思考,老师要仔细点评。尤其是第 13 题比较大小的问题,方法非常多,要注意在讲课的过程当中深度地去挖掘。

三、二分法与求方程的近似解

本单元课标要求如下:

结合学过的函数图象,了解函数、零点与方程解的关系;结合具体连续函数及其图象的特点,了解函数零点存在定理;探索用二分法求方程近似解的思路,并会画程序框图;能借助计算工具用二分法求方程的近似解,了解用二分法求方程近似解具有一般性。

函数与数学模型,理解函数模型是描述客观世界中变量关系和规律的重要数学语言和工具,在实际情境中会选择合适的函数类型刻画,刻画现实问题的变化规律；结合现实情境中的具体问题，利用计算工具比较对数函数、一元一次函数、指数函数增长速度的变化，理解对数增长、直线上升、指数爆炸等术语的现实含义；收集阅读一些现实生活生产实际或者经济领域中的数学模型，体会人们是如何借助函数刻画实际问题的，感悟数学模型中参数的现实意义。

（一）重点

函数零点与方程的解的关系，函数零点存在定理的应用，用二分法求方程近似解的思路与步骤，用函数建立数学模型，解决实际问题的基本过程。

（二）难点

函数零点存在定理的导出，用二分法求方程近似解的算法，选择恰当的函数模型解决实际问题。

（三）易错易混点

用二分法求方程近似解在精确度范围内，所有的解都可以视为方程的近似解，但仅仅都是近似解，不是精确值。

函数模型的应用中什么模型模拟效果较好，对数增长、直线上升、指数爆炸这三种增长型模型是有区别的，要注意区分。

（四）素养要求

通过本节内容的学习，使学生体会"逐步逼近"的方法，使学生体会转化思想在研究函数中的作用，提升学生的数学抽象、逻辑推理、直观想象素养；使学生认识函数模型的作用，提升学生数学建模、数据分析等素养。

（五）教学建议

1. 教材例题的教学建议

例 1 与例 2 的求解过程，可让学生通过探究得出函数在单调区间上最多有一个零点的结论，再进一步得到上述函数零点存在定理的推论，这个推论在后续学习与练习中经常要用到。也可用函数图象的交点个数去分析，其探究与发现过程有助于提升学生的数学抽象素养。

例 3 与例 4 体现函数模型应用的两种情况：一是利用已知函数模型解决

实际问题，二是选择合适的函数模型解决实际问题，如例 5 和例 6 的讲解中结合课件引导学生分析解决，以提升学生数学建模的素养。

2. 教材习题的教学建议

教材 P155 和 P156 的第 6 题、9 题、10 题、11 题、12 题、13 题、14 题，建议让学生练习，了解不同背景下实际问题的解决。第 13 题尤其重要，引导学生分析清楚其中的逻辑关系，培养学生逻辑严谨的思维能力。

（文／苗凤琼　审核／苗凤琼）

第五章

"三角函数"解读

第一节　本章内容解读

一、知识框架

5.1 任意角与弧度制（图5-1）

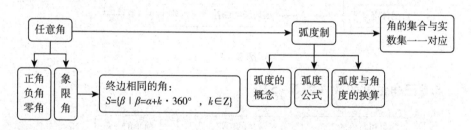

图5-1

5.2 三角函数的概念（图5-2）

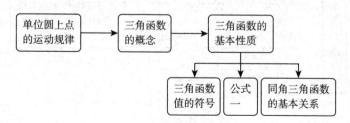

图5-2

5.3 诱导公式（图5-3）

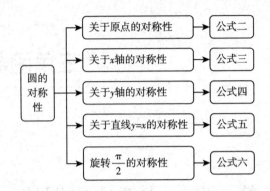

图5-3

5.4 三角函数的图象与性质（图5-4）

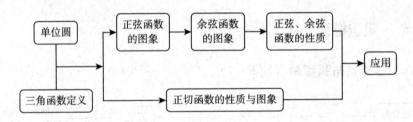

图5-4

5.5 三角恒等变换（图5-5）

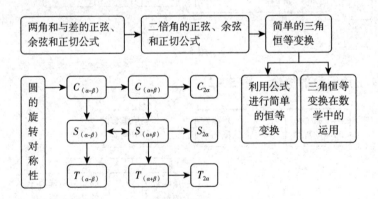

图5-5

5.6 – 5.7 函数 $y = A\sin(\omega x + \varphi)$ 及其应用（图 5 – 6）

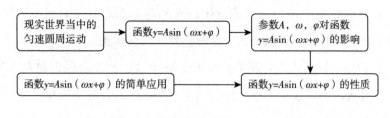

图 5 – 6

二、课标要求

本章包含 5.1 至 5.7 七节，各节课标要求如下：

1. 角与弧度制

了解任意角的概念和弧度制，能进行弧度与角度的转化，体会引入弧度制的必要性。

2. 三角函数概念和性质

借助单位圆，理解任意角三角函数（正弦、余弦、正切）的定义，能画出这些三角函数的图象，了解三角函数的周期性、奇偶性。借助单位圆的对称性，利用定义推导出诱导公式（$\pi \pm \alpha$，$\dfrac{\pi}{2} \pm \alpha$ 的正弦、余弦、正切）。

借助图象，理解正弦函数在 $[0, 2\pi]$ 上、余弦函数在 $[-\pi, \pi]$ 上、正切函数在 $\left(\dfrac{\pi}{2}, \dfrac{\pi}{2}\right)$ 上的性质。

结合具体实例，了解 $y = A\sin(\omega x + \varphi)$ 的实际意义；能借助图象理解参数 ω，φ，A 的意义，了解参数的变化对函数图象的影响。

3. 同角三角函数的基本关系式

理解同角三角函数的基本关系式：$\sin^2 x + \cos^2 x = 1$，$\dfrac{\sin x}{\cos x} = \tan x$。

4. 三角恒等变换

利用圆的旋转对称性推导：两角差的余弦公式，两角和差的三角函数，以及倍角公式的相关学习。

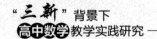

（1）经历推导两角差的余弦公式的过程，了解两角差的余弦公式的意义。

（2）从两角差的余弦公式推导出两角和与差的正弦、余弦、正切公式，二倍角的正弦、余弦、正切公式，了解它们的内在联系。

（3）运用上述公式进行简单的恒等变换（包括推导出积化和差、和差化积、半角公式，不要求记忆这三组公式）。用三角函数解决简单的实际问题，体会可以利用三角函数构建刻画事物周期变化的数学模型。

5. 三角函数应用

用三角函数解决简单的实际问题，体会利用三角函数构建刻画事物周期变化的数学模型。

三、课时设置

本章教学时间约需 29 课时，具体分配如下。（仅供参考）

5.1 任意角与弧度制	约 3 课时
5.2 三角函数的概念	约 4 课时
5.3 诱导公式	约 3 课时
5.4 三角函数的图象与性质	约 5 课时
5.5 三角恒等变化	约 8 课时
5.6 函数 $y = A\sin(\omega x + \varphi)$	约 3 课时
5.7 三角函数的应用	约 3 课时

四、新旧教材对比分析

本章内容在旧教材中出自必修四第一、三章，具体内容对比如下：

表 5 - 1

新教材	旧教材
5.1 任意角与弧度制	第一章　1.1 任意角与弧度制
5.2 三角函数的概念	1.2 任意角的三角函数
5.3 诱导公式	1.3 三角函数的诱导公式
5.4 三角函数的图象与性质	1.4 三角函数的图象与性质

续 表

新教材	旧教材
5.5 三角恒等变化 5.6 函数 $y = A\sin(\omega x + \varphi)$ 5.7 三角函数的应用	1.5 函数 $y = A\sin(\omega x + \varphi)$ 1.6 三角函数模型的简单应用 第三章 3.1 两角和与差的正弦、余弦和正切公式 3.2 简单的三角恒等变换

在旧教材必修部分，体现三角函数内容在数学必修四的第一章和第三章，新教材体现三角函数内容在数学必修一中的第五章。

表 5－2

章节	旧教材	章节	新教材
1.1	任意角和弧度制	5.1	任意角和弧度制
1.1.1	任意角	5.1.1	任意角
1.1.2	弧度制	5.1.2	弧度制
1.2	任意角的三角函数	5.2	三角函数的概念
1.2.1	任意角的三角函数	5.2.1	三角函数的概念
1.2.2	同角三角函数的基本关系	5.2.2	同角三角函数的基本关系
1.3	三角函数的诱导公式	5.3	诱导公式
1.4	三角函数的图象与性质	5.4	三角函数的图象与性质
1.4.1	正弦函数、余弦函数的图象	5.4.1	正弦函数、余弦函数的图象
1.4.2	正弦函数、余弦函数的性质	5.4.2	正弦函数、余弦函数的性质
1.4.3	正切函数的性质与图象	5.4.3	正切函数的性质与图象
1.5	函数 $y = A\sin(\omega x + \varphi)$ 的图象	5.5	三角恒等变换
1.6	三角函数模型的简单应用	5.5.1	两角和差的二弦一切公式
3.1	两角和差的二弦一切公式	5.5.2	简单的三角恒等变换
3.1.1	两角差的余弦公式	5.6	函数 $y = A\sin(\omega x + \varphi)$
3.1.2	两角和差的二弦一切公式	5.6.1	匀速圆周运动的数学模型
3.1.3	二倍角的正弦、余弦、正切公式	5.6.2	函数 $y = A\sin(\omega x + \varphi)$ 的图象
3.2	简单的三角恒等变换	5.7	三角函数的应用

与按照《2003 课程标准》编写的教材相比，本章内容主要有如下一些变化：

（1）弧度制：强调引入弧度制的必要性，加强了用初中已学的弧长与半径的关系解释弧度制定义的合理性。

（2）三角函数的定义：直接从建立周期现象的数学模型出发，利用单位圆上点的坐标定义三角函数，然后再建立与锐角三角函数的联系。

（3）正弦线、余弦线和正切线：根据《2007 课程标准》的要求，删除正弦线、余弦线和正切线。

（4）诱导公式：从单位圆关于原点、坐标轴、直线 $y = x$ 等的对称性出发探究诱导公式，即通过把圆的对称性"代数化"，获得诱导公式。

（5）正弦函数的图象：体现函数图象与三角函数定义之间内在的逻辑联系——图象是函数的一种表示法，先根据定义画出任意一点，掌握了任意一点的作法原理后，通过选择具体的、足够多的点进行描点，最后借助信息技术描任意多的点，连成线画三角函数的图象，这里加强了信息技术的应用。

（6）三角恒等变换：旧教材将本节放入了向量的学习之后，侧重点放在了用向量解决三角问题，而在新教材中，三角函数在函数主线下学习，增强了三角函数之间的逻辑关系，强化了三角函数知识系统的完整性。一以贯之地强调单位圆的作用，两角差的余弦公式利用圆的旋转对称性导出。

（7）函数 $y = A\sin(\omega x + \varphi)$：为体现数学建模的过程，在本节的开始先借助筒车运动的实际背景探究匀速圆周运动的函数模型，体现函数 $y = A\sin(\omega x + \varphi)$ 的现实背景；然后借助信息技术研究参数 A，ω，φ 对函数 $y = A\sin(\omega x + \varphi)$ 图象的影响；最后以摩天轮为实际背景，应用这个模型解决典型的周期性变化的实际问题。以往旧教材都是形式化研究参数 A，ω，φ 对函数 $y = A\sin(\omega x + \varphi)$ 图象的影响，并且以图象变换的结果出现。新教材改变了此做法，注重以现实中圆周运动情景为背景，给出参数影响图象的实际意义。

（8）三角函数的应用：体现三角函数应用的层次性，有关三角函数应用的问题大致分成三类：第一类是匀速圆周运动的问题，如筒车匀速圆周运动的问题；第二类是弹簧振子、交变电流等物理学中的周期性现象的刻画；第三类是现实生活中仅在一定范围内呈现出近似于周期变化的问题，如温度随时间呈周期性变化的问题、港口海水深度随时间呈周期性变化的问题。

与原教材一样，本章仍然强调三角函数作为刻画现实世界中一类周期变化现象的数学模型，借助单位圆理解三角函数的概念、性质，以及通过建立三角函数模型解决实际问题等，强调"削枝强干"。因此，教学中应把重点放在使学生理解三角函数及其基本性质，体会三角函数在解决具有周期变化规律的问题上的作用。

（文/董瑞洁　审核/任芳）

第二节　本章高考内容解读

三角函数是每年高考必考内容，可以独立考查三角恒等变换，也可以结合函数单调性、对称性、奇偶性考查三角函数图象，结合新教材必修二的正（余）弦定理解决解三角形的问题。

三角恒等变换和三角函数图象的考查一般在选择题第 6 题左右的位置，属于中档题；而结合正（余）弦定理解三角形的问题一般在解答题第 18 题的位置，属于中难题，尤其 2022 年新高考I卷的第 18 题考查知识点众多，难度不小。

一、考查内容分析

2020—2022 年高考试卷中关于三角函数内容的考查情况如表 5-3 所示。

表 5-3

试卷	题号	分值	题型	考点
2022 年新高考 I 卷	6	5	单选题	由正（余）弦函数的性质确定图象（解析式）
	18	12	解答题	三角恒等变换
2022 年新高考 II 卷	6	5	单选题	由和、差角的余弦公式化简、求值
	9	5	多选题	由正（余）弦函数的性质确定图象（解析式）
2021 年新高考 I 卷	4	5	单选题	求 $\sin x$ 型三角函数的单调性
	6	5	单选题	正（余）弦齐次式的计算

续 表

试卷	题号	分值	题型	考点
2020 年新高考 I 卷	10	5	单选题	由图象确定正（余）弦型函数解析式
2020 年新高考 II 卷	11	5	单选题	由图象确定正（余）弦型函数解析式

从题型、题量上看，考查三角函数主要以客观题形式呈现，难度中等，各份高考试卷中设置 1~2 道相关试题。三角函数也会以解答题形式出现，多以解三角形为载体，重点考查新教材必修二正弦定理、余弦定理的应用，近 3 年新高考的解答题更多考查解三角形，而非三角函数的内容。

从考点分布上看，主要考查三角函数图象的性质和变换、三角恒等变换。

从考查形式上看，主要考查三角函数图象的单调性、对称性、五点作图。

从过去 3 年新高考统计情况来看，三角函数考查的题型、题量、考点形式有小幅度变化，难度基本不变，几乎所有试题能够在新教材的例题和习题中找到原型，体现了新教材和新高考之间的紧密联系。

二、命题特点的分析

（一）三角函数图象的性质和变换

三角函数的图象是三角函数的主体内容，主要考查三角函数的单调性、对称性、五点作图、图象的平移变换。

例 1（2022 年新高考全国 II 卷·第 9 题）已知函数 $f(x) = \sin(2x + \varphi)$ $(0 < \varphi < \pi)$ 的图象关于点 $\left(\dfrac{2\pi}{3}, 0\right)$ 中心对称，则（　　）

A. $f(x)$ 在区间 $\left(0, \dfrac{5\pi}{12}\right)$ 单调递减

B. $f(x)$ 在区间 $\left(-\dfrac{\pi}{12}, \dfrac{11\pi}{12}\right)$ 有两个极值点

C. 直线 $x = \dfrac{7\pi}{6}$ 是曲线 $y = f(x)$ 的对称轴

D. 直线 $y = \frac{\sqrt{3}}{2} - x$ 是曲线 $y = f(x)$ 的切线

【答案】AD

【考查目标】求正弦型函数的对称轴及对称中心，求正弦型函数的单调性，在曲线上一点处的切线方程。

【试题分析】此题以正弦型函数的图象为载体，考查了函数单调性、对称性、极值点。首先要求通过已知条件确定 $A\sin(\omega x + \varphi)$ 型函数的参数，考查了数形结合思想和数学运算素养。这类题来源自新教材 5.6 节例题，是高考考查三角函数章节最常见的题型。

例 2 （2020 年新高考全国 I 卷·第 10 题）图 5-7 是函数 $\sin(\omega x + \varphi)$ 的部分图象，则 $\sin(\omega x + \varphi) = ($ $)$

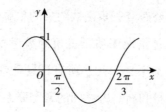

图 5-7

A. $\sin(x + \frac{\pi}{3})$ B. $\sin(\frac{\pi}{3} - 2x)$

C. $\cos(2x + \frac{\pi}{6})$ D. $\cos(\frac{5\pi}{6} - 2x)$

【答案】BC

【考查目标】由图象确定正（余）弦型函数解析式。

【试题分析】此题以正弦型函数的图象为载体，考查了五点作图法。要求通过函数图象确定 $A\sin(\omega x + \varphi)$ 型函数的参数，考查了隐含条件思想、数形结合思想和数学运算素养。这类题来源自新教材 5.6 节课后习题综合运用第 4 题。

（二）三角恒等变换

考查三角函数公式的综合运用，考查学生对三角函数公式的掌握及运用，综合考查学生的数据分析能力、转化问题及运算求解。此类题目在新高考中会单独作为选择题出现，也会结合解三角形作为解答题第一问出现。

例3 （2022年新高考全国Ⅱ卷·第6题）若 $\sin(\alpha+\beta)+\cos(\alpha+\beta)=2\sqrt{2}\cos\left(\alpha+\dfrac{\pi}{4}\right)\sin\beta$，则（　　　）

　A. $\tan(\alpha-\beta)=1$　　　　　B. $\tan(\alpha+\beta)=1$

　C. $\tan(\alpha-\beta)=-1$　　　　D. $\tan(\alpha+\beta)=-1$

【答案】C

【考查目标】用和、差角的正（余）弦公式，同角三角函数的商数关系。

【试题分析】此题以三角恒等变换为载体，考查了和、差角的正（余）弦公式和同角三角函数的商数关系。在已知条件基础上对两角和的余弦展开，并利用两角和、差的正（余）弦公式得到结果。考查了化归思想、逻辑推理和数学运算素养。三角恒等变换题目在新教材例题和课后题中多次出现，但是没有与此题步骤相似的题目。

例4 （2021年新高考全国Ⅰ卷·第6题）若 $\tan\theta=-2$，则 $\dfrac{\sin\theta(1+\sin 2\theta)}{\sin\theta+\cos\theta}=$（　　　）

　A. $-\dfrac{6}{5}$　　　B. $-\dfrac{2}{5}$　　　C. $\dfrac{2}{5}$　　　D. $\dfrac{6}{5}$

【答案】C

【考查目标】二倍角正弦公式，同角三角函数的平方关系，正（余）弦齐次式的计算。

【试题分析】此题以三角恒等变换为载体，考查了二倍角正弦公式、同角三角函数的平方关系和正（余）弦齐次式的计算。在已知条件基础上对二倍角正弦展开，并反复利用同角三角函数的平方关系转化为正（余）弦齐次式的计算。考查了化归思想、逻辑推理和数学运算素养。此题化简的三个步骤都来自新教材三角函数章节复习参考题第4题的变换方式。

例5 （2022年新高考全国Ⅰ卷·第18题）记△ABC的内角A，B，C的

对边分别为 a，b，c，已知 $\dfrac{\cos A}{1+\sin A}=\dfrac{\sin 2B}{1+\cos 2B}$。

（1）若 $C=\dfrac{2\pi}{3}$，求 B；

（2）求 $\dfrac{a^2+b^2}{c^2}$ 的最小值。

【答案】$\dfrac{\pi}{6}$；$4\sqrt{2}-5$

【考查目标】二倍角正（余）弦公式，正弦定理，基本不等式。

【试题分析】此题以解三角形为载体，考查了二倍角正（余）弦公式、正弦定理和基本不等式求和的最小值。在已知条件基础上对二倍角正（余）弦展开，利用诱导公式得到三角形三个角之间的关系，继续通过三角恒等变换得到基本不等式求和形式，得到最小值。考查了化归思想、逻辑推理和数学运算素养。第一问中对 $\dfrac{\sin 2B}{1+\cos 2B}$ 的化简方式来自新教材5.5节练习第1题中 $\dfrac{\sin\varphi}{1+\cos\varphi}$ 的变换方式。

（文/谢耀兵　审核/任芳）

第三节　学科素养背景下本章教学建议

高中阶段函数主线的基本架构是：函数的概念与性质—基本初等函数—函数的应用—离散函数（数列）—导数及其应用。三角函数是高中阶段学习的最后一个基本初等函数，可以借鉴函数的一般概念，幂函数、指数函数、对数函数的研究过程，综合应用各种研究方法对三角函数展开研究。同时，三角函数起源于现实世界中的周期现象，圆周运动是周期现象的典型代表，以匀速圆周运动为背景，通过数学抽象，将匀速圆周运动归结到单位圆上点的运动规律的刻画，因此应发挥单位圆几何直观的优势，建立三角函数的概念，研究三角函数的性质，得出三角函数之间的各种恒等关系，利用三角函数解决周期现象中的相关问题。通过本章学习，重点提升数学抽象、逻辑推理、直观想象、数学运算和数学建模等素养。本章含 5.1 至 5.7 七节，各节重难点、易混易错点及教学建议如下：

一、任意角与三角函数

（一）5.1 任意角和弧度制

1. 重点

将 0°~360°范围的角扩充到任意角，用集合表示终边相同的角；弧度制，弧度与角度的互换。

2. 难点

任意角概念的建构；引入弧度制的必要性，弧度的概念。

3. 易混易错点

（1）未理解任意角符号表示方向的属性，导致无法理解任意角的加法。将角 α 的终边绕原点旋转任意角 β，无论是顺时针旋转还是逆时针旋转，因符号就表示了角的旋转方向，且 β 带有符号，故终边对应的结果都是 $\alpha + \beta$。

（2）用集合表示终边在已知直线上的角时，未理解到"终边组成一条直线"的代数解释是"集合中的元素相差 180° 的整数倍"，导致不会简化表示方式。

（3）扇形的弧长和面积公式记忆不准确导致出错。

4. 素养要求

在角的概念推广过程中，经历由具体到抽象，重点提升学生的数学抽象、直观想象素养；借助单位圆建立弧度制的概念，体会引入弧度制的必要性，重点提升学生的数学抽象素养；应用弧度制下的弧长公式和扇形面积公式解决相关问题，重点提升数学运算、逻辑推理素养。

5. 教学建议

本节教学过程中主要解决如下问题：

（1）明确本章的研究对象和研究任务。

借助教材的章头图，明确本章的研究对象是周期现象，研究任务是建立一个函数来描述周期现象的变量关系。通过研究函数的性质来发现周期现象的变化规律，借鉴前面学习函数的一般概念，幂函数、指数函数、对数函数的经验，宏观了解本章的学习内容、过程和方法。

（2）注重渗透对应思想，发挥函数的定义在任意角、弧度制与三角函数的概念之间的串联作用。

教材以圆周运动为背景，为方便刻画点 P 的位置变化（参考教材图 5.1 -1），将"点 P 的位置"与一个可以度量的几何量相对应，即与"以射线 OA、OP 分别为始边、终边的角"对应，由点 P 在圆周运动中旋转的实际情况，及现实生活中的超出 0°~360° 范围的角，引出需要关注角的旋转方向和旋转量，为建构任意角的概念提供思维基础。函数的定义要求定义域、值域都是实数的集合，而角度制是六十进制，因此需要建立起一个度量角的十进制，将角的集合与实数集形成一一对应关系，为学习三角函数的概念奠定基础。发展学生的直观想象、数学抽象素养。

（3）补充引入弧度制的必要性。

教材中没有详细介绍引入弧度制的必要性，可从以下三个方面体会引入的必要性，感受自变量与函数值单位统一的便捷。

第一，满足函数定义的要求。函数是两个实数集之间的对应关系，而实数采用的进位制是十进制，若角的度量采用六十进制的角度制，则与函数定义的要求不符。

第二，三角函数的可用性。周期性变化现象中的自变量不一定是角，比如简谐振动、潮汐现象等的自变量是时间，所以引入弧度制可以使三角函数在刻画现实世界中的周期现象时变得更好用。

第三，有利于数学的后续发展需要。如有时需要自变量的值与函数值进行计算，若进位制不同，计算无法进行，限制数学的后续发展。

（4）利用对应思想理解弧度制的度量单位。

把握度量制的根本是理解度量单位，即理解 1 弧度的意义。联系初中阶段学过的弧长公式 $l = \dfrac{n\pi r}{180}$（$\alpha = n°$），引导学生思考与 n 一一对应的变量是什么，进而梳理出 $\dfrac{l}{r} = \dfrac{\pi}{180} \cdot n$ 的关系，最终得出 $\dfrac{l}{r}$ 与 α 一一对应，通过这一过程体会到利用圆的弧长与半径的关系度量圆心角的合理性，更易理解 1 弧度的意义。

（二）5.2—5.3 三角函数的概念与诱导公式

1. 重点

三角函数的对应关系，任意角的正弦、余弦、正切的定义；同角三角函数的基本关系，利用圆的对称性探究诱导公式，利用诱导公式进行简单三角函数式的求值、化简与恒等式的证明。

2. 难点

三角函数的对应关系；三角函数内在联系性的认识；发现圆的对称性与

三角函数之间的关系并建立联系。

3. 易混易错点

（1）解决三角函数值的相关问题时，任意角终边位置考虑不全导致漏解，或终边位置不够精确导致增根。

（2）缺乏化简经验，不能灵活运用同角三角函数的基本关系对三角函数式化简。

（3）诱导公式不熟练导致化简出错。

4. 素养要求

通过对正弦函数、余弦函数、正切函数定义的理解，重点提升学生的数学抽象和直观想象素养。通过三角函数值在各象限内的符号和公式一的应用，重点提升学生的数学运算和逻辑推理素养。通过同角三角函数式的应用，重点提升学生的数学抽象、逻辑推理和数学运算素养。

借助单位圆的对称性，利用定义推导诱导公式，重点提升学生的逻辑推理、数学运算素养。通过诱导公式的推导及应用，逐步培养学生的数学抽象、逻辑推理和数学运算素养。

5. 教学建议

本节教学过程中主要解决如下问题：

（1）函数定义的引导下探究三角函数的对应关系。

在 5.1 中将"点 P 的位置"与"以射线 OA、OP 分别为始边、终边的任意角 α（弧度）"（后简称"任意角 α（弧度）"）对应（参考教材图 5.2 - 2）。在本章研究任务的统领下，一般函数概念的指导下，易发现接下来的探究方向是找到"点 P 的位置"的代数表示，进而得出"任意角 α（弧度）"与"点 P 坐标 (x, y)"对应，为建立函数，又具体分为两个对应关系，即：

"实数 α（弧度）"与"点 P 纵坐标 y"对应；

"实数 α（弧度）"与"点 P 横坐标 x"对应。

这两个对应关系满足函数的定义，最终生成正（余）弦函数的概念。发展学生直观想象、数学抽象素养。

（2）厘清锐角三角函数与任意角三角函数的区别。

章建跃博士在《核心素养立意的高中数学课程教材教法研究》一书中指出，锐角三角函数是研究三角形各种几何量之间的关系而发展起来的，任意角的三角函数是研究现实中的周期现象而发展起来的，它们研究的对象不同，具有的性质也不同，因此既不能把任意角的三角函数看成是锐角三角函数的推广，也不能把锐角三角函数看成是任意角的三角函数在锐角范围内的"限定"。

（3）注重一般观念的渗透，为探究三角函数性质提供研究视角。

函数的一般概念的基本研究路径是：背景—概念—性质—应用，借鉴该研究路径，接下来探讨三角函数的性质，但在探究过程中，学生往往不知道从什么角度去发现性质，若没有一般观念的渗透，学生很难理解研究的意义及三角函数的内在联系。这部分一般观念的指导具体体现在以下三个方面：

第一，注重三角函数的特殊性——周期性。由这一特殊性质，结合三角函数的定义，得出"终边相同的角的同一三角函数的值相等"的结论，即教材中的公式一，这一性质属于每一个三角函数自身的特性。

第二，相同背景条件下的几个对象之间一定有内在联系，发现联系和转化方法是数学研究中的基本任务。正（余）弦函数、正切函数的定义均以单位圆为背景，以这一观念为指导，更易提出"终边相同的角的三个三角函数值之间是否存在某种关系""三角函数之间能否相互转化"之类的问题，水到渠成地引出同角三角函数的基本关系，反映三角函数之间的相互关系。

第三，加强几何直观（利用定义，把圆的对称性"翻译"为三角函数的关系式）。单位圆是研究三角函数的重要工具，是生成三角函数定义的相关概念，由此提供一个新的研究视角，即单位圆的特殊对称性（关于坐标轴、原点和 $y=x$，$y=-x$ 对称）能否用三角函数来反映，最终得出教材中的公式二至公式六，与公式一统称为诱导公式，是属于每个三角函数自身的特性。

通过这些探究过程，发展学生直观想象、数学抽象和数学运算等核心素养。同时，一般观念蕴含的思想具有可迁移性，为学习其他板块的知识也有重要的指导作用。

（4）引导学生形成解决代数问题的程序化思维，突破求值、化简、证明类问题。

这一部分主要是求值、化简和证明三类题型，需要综合运用任意角、弧度制、三角函数定义、同角三角函数的基本关系、诱导公式等相关知识解决问题，通过例题展示，引导学生形成解决相关问题的程序化思维，体会化归转化的数学思想，发展逻辑推理和数学运算核心素养。

（三）5.4 三角函数的图象与性质

1. 重点

正弦、余弦、正切函数的图象及其主要性质（包括周期性、奇偶性、单调性、最值或值域）；研究函数图象与性质的一般思路与方法。

2. 难点

正弦函数的作图；周期函数、（最小正）周期的意义。

3. 易混易错点

（1）作正（余）弦曲线的图象时，未注意曲线的"凹凸性"导致作图不准确。

（2）求函数 $f(x) = A\sin(\omega x + \varphi)$，$x \in \mathbf{R}$，或函数 $f(x) = A\cos(\omega x + \varphi)$，$x \in \mathbf{R}$（其中 A，ω，φ 为常数，$A \neq 0$，$\omega \neq 0$）的周期时，因未理解 $f(x + T) = f(x)$ 的具体表示，导致无法理解周期的求解过程。

（3）求函数 $f(x) = A\sin(\omega x + \varphi)$，或函数 $f(x) = A\cos(\omega x + \varphi)$（其中 A，ω，φ 为常数，$A \neq 0$，$\omega \neq 0$）的单调区间时，未注意复合函数"同增异减"的特性导致单调区间求错，或未注意定义域导致出错。

4. 素养要求

通过利用定义和"五点法"作 $y = \sin x$ 与 $y = \cos x$ 的图象，重点提升学生的数学抽象、逻辑推理和直观想象素养。利用 $y = \sin x$ 与 $y = \cos x$ 的图象，探索 $y = \sin x$ 与 $y = \cos x$ 的周期性、奇偶性，重点提升学生的直观想象、逻辑推理和数学抽象素养。借助 $y = \sin x$ 与 $y = \cos x$ 的图象，理清单调区间和取得最值的条件，构建直观模型，重点提升学生的直观想象、数学抽象、逻辑推理和数学运算素养。通过利用正切函数的图象，发现数学规律，重点提升学生的数学抽象、数学运算和逻辑推理素养。

5. 教学建议

本节教学过程中主要解决如下问题：

（1）体现研究函数图象与性质的一般思路与方法。

总结以往学习经验，可以得出基本初等函数的基本研究套路是：背景—概念—图象与性质—应用，因此接下来主要研究三角函数的图象与性质。教材中正（余）弦函数采用的是"先图象后性质"的研究路径，正切函数采用的是"先性质后图象"的研究路径，运用几何直观和代数运算的方法研究三角函数的性质，体现研究函数图象与性质思路的灵活性和方法的综合性，发展学生直观想象、数学运算和逻辑推理等素养。

（2）逐步推进正（余）弦函数图象的作法。

作正弦函数图象，教材共分为六步：

第一步，突出正弦函数的周期性的特点，将实数集范围的作图问题转化为区间 $[0, 2\pi]$ 内的作图问题；

第二步，画出正弦函数图象上的任意一点，从三角函数定义出发，利用单位圆描点，明确作图原理；

第三步，选取 $[0, 2\pi]$ 上 12 个特殊值进行描点，初步想象图象大致形状；

第四步，借助信息技术描出任意多的点，并连接成线，作出比较精确的图象；

第五步，从区间 $[0, 2\pi]$ 的局部图象延伸到实数集 **R** 上的整体图象；

第六步，五点（作图）法，方便在解决具体问题时作出正弦函数的简图。

按照这六个步骤，让学生感受正弦函数图象的构造过程，突破作正弦函数图象的难点，加深对正弦函数图象形状特点的认识。利用正弦函数与余弦函数的联系，通过图象变换得到余弦曲线，体现作图方法的多样性。在熟悉正（余）弦函数的图象特征后，熟练掌握"五点法"作图，在研究函数时更方便和有效。

（3）利用单位圆的性质研究正（余）弦函数的性质

作出正弦函数的图象，通过几何直观和代数运算的方法研究三角函数的性质，而正弦函数的作图原理是正弦函数的定义，正弦函数的定义又以单位圆为背景生成，在上一节加强几何直观的一般观念的渗透下，教材在 5.4.2 后的"探究与发现"中详细展现了借助单位圆直接研究三角函数性质的过程，将正（余）弦函数放在同一背景中研究其性质，突出了正（余）弦函数间的联系，有利于从整体上把握三角函数。

（文/张婷婷　审核/任芳）

二、三角恒等变换及三角函数的应用

本单元含人教 A 版必修第一册 5.5—5.7 节。

（一）5.5 三角恒等变换

1. 重点

学生在已有的公式基础上进行简单的三角恒等变换，体会三角变换的特点。

2. 难点

认识三角变换的特点，并能运用数学思想方法指导变换过程的设计，不断提高从整体上把握变换过程的能力。

3. 易混易错点

和（差）角公式，倍角公式的符号以及特殊角的三角函数值。

4. 素养要求

在熟知两角差的余弦公式意义的基础上，重点提升学生的数学运算和逻辑推理的素养。理清两角和与差的正（余）弦公式的内在联系，熟悉公式的特征，完善知识结构，重点提升学生的数学抽象、逻辑推理和数学运算素养。从公式间的联系入手，引导学生对公式变形，感悟数学抽象的作用，提升逻辑推理和数学运算素养。在二倍角公式的推导中，经历由特殊到一般的逻辑推理过程，发展学生的数学运算素养。在对公式的推导和应用过程中，发展学生的数学抽象、逻辑推理和数学运算素养。

5. 教学建议

例 1 通过两角差的余弦公式推导诱导公式；例 2 是两角差的余弦公式的应用，但要注意角度的范围；例 3、例 4 是两角和与差的正弦、余弦、正切公式的应用，训练的主要目的是公式的顺用；例 5、例 6 是二倍角公式的应用，重点要体会二倍的意思，蕴含着换元的思想；例 7 是二倍角公式的逆用，推导出半角公式，即降幂公式，需要同学们记住这个例题的结论；例 9 运用了辅助角公式，这个是三角函数最重要的方法，这个题要重点给同学们讲解，要让同学们吃透该题的知识与方法；例 10 考查最值问题，通过三角恒等变换，把和角形式变成单角形式，也要用到辅助角公式，蕴含了化归思想。

5.5 节习题的教学建议是：除了 P230 习题 5.5 的第 18、19 题选做，其余的练习和习题全做。

（二）5.6—5.7 函数 $y = A\sin(\omega x + \varphi)$ 及其应用

1. 重点

用平移变换和伸缩变换画函数 $y = A\sin(\omega x + \varphi)$ 的图象变换过程；用三角函数模型解决一些具有周期变化规律的实际问题。

2. 难点

图象变换与函数解析式变换的内在联系的认识；将某些实际问题抽象为三角函数模型。

3. 易混易错点

在进行变换时，如果 x 前面的系数不是 1，进行平移变换，一定要记得平移变换只针对 x，即提出前面的系数。

4. 素养要求

通过整体代换和图象的变换提升学生的直观想象、逻辑推理和数学抽象素养；通过函数图象能抽象出数学模型，并能研究函数的性质，逐步提升学生的数学抽象、直观想象、数学运算、数学建模素养。

通过实际问题，构建三角函数数学模型，重点提升学生的数学抽象、数学运算和数学建模素养。

5. 教学建议

本节例1考查五点法作图，体会变换作图的方法；例2和5.7节的例1和例2都是函数 $y = A\sin(\omega x + \varphi)$ 的图象的实际运用问题，其基本思想还是图象问题，可以用五点法作图，也可以用变换作图，只要解决了图象问题，其他问题就迎刃而解了。

本节习题的教学建议是：除了P241习题5.6的第7题选做，其余的练习和习题全做。除了P249习题5.7的第3、4题选做，其余的练习和习题全做。

（文/郑科　审核/任芳）

下 篇

案 例 思 考

"指数函数概念"教学设计

四川省绵阳南山中学数学组　邓燕莉

一、教学内容解析

本节课选自人民教育出版社 A 版（2019 年版）的必修一第四章第二节指数函数。指数函数作为基本初等函数之一，是函数内容的重要组成部分；是对数函数、等比数列、导数等高中数学内容的基础，其中蕴含的数学思想有分类讨论思想、数学建模、从特殊到一般、数形结合思想等，与其他数学内容有着紧密的联系。同时作为重要的函数模型还有广泛的应用，是分析和解决大量数学问题和实际问题的重要工具。

二、学情分析

学生在上一章"函数的概念与性质"学习中，经历了分析具体实例、归纳共同特征、抽象概括函数的一般概念的过程，感悟了数学知识之间的联系，认识了函数的重要性，积累了用函数图象、代数运算研究函数性质的经验。并在熟悉的情境中，由教师引导后能将实际问题转化为数学问题，知道数学问题的价值与作用。但学生对于如何去处理数据，发现其变化规律的能力还有所欠缺。

三、教学目标分析

本节课的目标：通过具体实例，了解指数函数的实际意义，理解指数函数的概念。

为达成教学目标，教学过程中强调从实际问题中抽象出数量关系，并用一定的数学式子表达这种数量关系，在分析数学式子特征的基础上，归纳概括得到指数函数的定义。

本节课的重点：指数函数的概念；难点：理解指数函数的概念。

基于以上这些分析，本节课采用我校数学"五步教学法"课模实施细则。

四、教学过程

（一）情境引入

情境1：

师：正式上课前我们先看一个视频放松一下。绵阳是中国唯一一个科技城，科技之城当然少不了美丽的灯光秀，观看灯光秀的最佳地点在越王楼。当然，绵阳除了科技城，还有很多红色教育基地，比如梓潼的两弹城、南山中学旁边的南山公园。现在越来越多的市民以及慕名而来的游客会选择参观这些景区，为了预测来年游客人次，做好应对措施，文旅局收集了越王楼和南山公园2007年至2022年的旅游人次，想从中发现其变化规律。表6-1是他们整理出来的表格。

表6-1

时间/年	越王楼		南山公园	
	人次/百次	年增加量/百次	人次/百次	年增加量/百次
2007	600		200	
2008	609	9	220	20
2009	620	11	241	21

续 表

时间/年	越王楼		南山公园	
	人次/百次	年增加量/百次	人次/百次	年增加量/百次
2010	631	11	265	24
2011	641	10	291	26
2012	650	9	320	29
2013	661	11	352	32
2014	671	10	388	36
2015	681	10	427	39
2016	691	10	470	43
2017	702	11	518	48
2018	711	9	570	52
2019	721	10	626	56
2020	732	11	688	62
2021	743	11	756	68

（二）分析建构

问1：比较两地景区游客人次的变化情况，你发现了怎样的变化规律？

课堂预设回答：发现越王楼景区年增加量都接近10，南山公园景区年增加量是逐年上升的，越来越大。

追问：除了通过表格来观察时间与人次之间的变化规律，我们还可以通过哪些方式更加直观地观察它们的变化规律？

课堂预设回答：画图。

师：根据表格中的数据在坐标系中描点。

问2：观察图象和表格，你又有什么发现？

课堂预设回答：越王楼景区的游客近似于直线上升（线性增长），可以看到这些点大致在一条上升的直线附近，年增长量大致相等（为同一常数）；观察南山公园游客人次描出的点是在一条陡增曲线附近，非线性增长，年增加量越来越大，不为同一常数。

探究：我们知道，年增加量是对相邻两年的游客人次做减法得到的，既然南山公园年增加量（不为同一常数），能否换个运算思路，得到更显著、更确定的值，从而找到游客人次的变化规律呢？

课堂预设回答：用除法运算，发现第二年除以上一年的值都近似等于1.1。（使用 Excel 动画演示）

南山公园的游客人次的年增长率都约为 $1.1 - 1 = 0.1$，为同一常数。

师：这下我们找到南山公园游客人次的变化规律了。像这样，增长率为同一常数的变化方式，我们称为指数增长。因此，南山公园的游客人次近似于指数增长。

师：刚才我们在研究变化规律时，提到了增加量和增长率，它们是刻画事物变化规律的两个很重要的量。当我们想要去发现数据变化规律时，可以先观察一下这些数据的增加量或者增长率有什么规律。

问3：经过 x 年后，南山公园游客人次是 2007 年的 y 倍，试建立 y 与 x 的函数解析式？

课堂预设回答：$y = 1.1^x$，$x \in [0, +\infty)$。

情境2：

在本章引言中提到了良渚遗址，这是良渚遗址的简介，我们一直说中华文明上下五千年，但一直是没有实证的，直到考古学家发现了良渚遗址，证实了我们中华文明早在几千年前确确实实是存在的，而且还是辉煌的。

那考古学家是如何推算出良渚遗址距今 5300 年到 4300 年的呢？他们发现，当生物死亡后，生物体内碳 14 的含量会按确定的比例衰减，我们把它称为衰减率，大约经过 5730 年衰减为原来的一半，这个时间我们称为"半衰期"。

问1：该情境中有哪些变量？

问2：设死亡生物体内碳 14 含量的年衰减率为 p，如果把刚死亡的生物体内碳 14 含量看成一个单位，请同学们完成表 6 - 2：

表 6-2

死亡年数/年	1	2	3	……	5730	x
碳 14 含量						

问3：设生物死亡年数为 x，死亡生物体内碳 14 含量为 y，试写出死亡生物体内碳 14 含量与生物死亡年数间的关系式？

（学生活动……）$y = \left(\left(\dfrac{1}{2}\right)^{\frac{1}{5730}}\right)^{x}$，$x \in [0, +\infty)$

师：死亡生物体内碳 14 含量每年都以 $1 - \left(\dfrac{1}{2}\right)^{\frac{1}{5730}}$ 的衰减率衰减，像这样，衰减率为同一常数的变化方式，我们称为指数衰减。因此，死亡生物体内碳 14 含量呈指数衰减。

（三）抽象概括

师：通过刚才两个情境，我们得出了两个解析式。

问：类比幂函数概念，说出这两个式子有什么共同特征？你能否用一个式子反映这个共同特征？

（板书）一般地，函数 $y = a^{x}$（$a > 0$，且 $a \neq 1$）叫作指数函数，自变量为指数 x，在上节课根式的学习中，我们已经将指数从初中的正数推广到了整个实数集，所以指数函数的定义域为 **R**。

（四）应用理解

例 1 已知指数函数 $f(x) = a^{x}$（$a > 0$ 且 $a \neq 1$），且 $f(3) = \pi$，求 $f(0)$，$f(1)$，$f(-3)$ 的值。

（教材例1）

学生活动……（投影展示学生结果）

师：指数函数是我们今天所学的另一类基本初等函数。既然是函数，我们之前研究函数的方法，同样也适用于指数函数，比如求函数值等。

例 2 在情境 1 中，如果平均每位游客出游一次可带来 10 元收入，试估计 2022 年南山公园收入情况。（参考数据：$1.1^{14} \approx 3.80$，$1.1^{15} \approx 4.18$，$1.1^{16} \approx 4.60$）

练习 1：已知函数 $y = f(x)$，$x \in \mathbf{R}$，且 $f(0) = 3$，$\dfrac{f(1)}{f(0)} = 4$，$\dfrac{f(2)}{f(1)} = 4$，…，

$\dfrac{f(n)}{f(n-1)} = 4$，$n \in \mathbf{N}^*$，求函数 $y = f(x)$ 的一个解析式。

练习 2：下列图象中，有可能表示指数函数的是（　　　　）

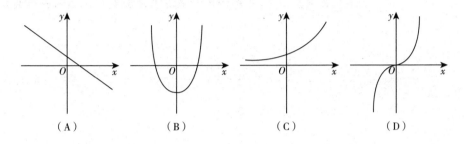

（A）　　　　　　（B）　　　　　　（C）　　　　　　（D）

师：通过本题我们可以进一步知道指数函数的变化规律，指数增长变化越来越快，以及它取值的一些特点，为我们后续学习提供一些帮助。

练习 3：考古学家利用遗址中遗存物碳 14 的残留量测定，推算出古城存在时期距今 5300 年到 4300 年，把刚死亡的生物体内碳 14 含量看成 1 个单位，请用计算器估算出碳 14 的残留量。

师：我们现在能用数学解决考古学的问题了，那如此宏大、如此辉煌的古文明为什么会突然消失呢？再比如我们的三星堆，它们去向哪里了呢？真的有传说中的平行世界吗？是否存在某种强大而神秘的力量维持着世界的运转？双缝干涉实验又是什么？这就需要同学努力学习，勇攀高峰，去探索神秘宇宙的奥秘！

（五）反思小结

师：本节课我们学习了指数函数的概念。

问 1：什么是指数函数？指数函数解析式中有哪些需要注意的？

问 2：你能总结一下本节课抽象概括指数函数概念的过程吗？

师：我们从实际问题出发，收集相关数据，接着处理数据，先观察数据的变化规律，当不能很好地发现数据的变化规律时，我们可以将数据转化为图象形式进行观察，从图象中得到启发去处理数据，再反过来用数据说明图象的变化规律，从而数形结合地发现实际问题变化规律的本质。最后给出实

际问题变化规律的数学表示，并抽象概括出指数函数的一般表达式。

师：类比幂函数的研究过程，在后续学习中，我们会继续研究指数函数的图象与性质，请同学们提前预习。

（本案例获 2022 年绵阳市新教材教法课例展评活动一等奖）

"函数单调性" 教学设计

四川省绵阳南山中学数学组　邓燕莉

一、教学内容解析

本节课选自人民教育出版社 A 版（2019 年版）的必修一第三章第二节函数的基本性质。函数是贯穿高中数学的一条主线，是解决数学问题的基本工具，是进一步学习数学的重要基础。在学习函数概念的基础上，研究函数性质，以便后续建立函数模型，分析和解决相关问题。单调性是学生进入高中后系统性研究的第一个函数性质，与其他函数性质密切相关，在研究单调性过程中形成研究性质的"基本套路"，给后续研究函数其他性质提供一般思路。

二、学情分析

学生通过上一节的学习，在初中用变量之间的依赖关系描述函数的基础上，用集合语言和对应关系刻画函数，建立了完整的函数概念，体会了集合语言和对应关系在刻画函数中的作用。

学生通过初中的学习，能发现函数图象变化的一些规律性，并用自然语言进行描述，能够通过具体例子归纳并形成简单的数学结论，能够模仿学过的数学方法解决简单问题，并能理解用数学语言表达的规则。但如何用恰当的数学语言予以表达的能力还有所欠缺，因此，如何引导学生从观察图象特

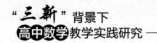

征进行定性描述到如何引入符号语言对函数性质进行定量刻画，这是学生在函数性质的学习中会遇到的困难。

三、教学目标分析

本节课的目标是：借助函数图象，会用符号语言表达函数的单调性，理解它的作用和实际意义。

为达成教学目标，本节课的设计思路为：采用单元主题教学，在情境引入环节中引导学生引入一个新的数学对象后，知道需要研究什么，研究的方法是什么等等。为了使学生更好地从用"自然语言表达"过渡到用"数学符号语言表达"，从函数三要素出发，采用问题链的形式，建构出函数单调性的定义。通过教材中的思考1以及追问，让学生加强对定义中"任意"二字的理解。在研究单调性的过程中，注意让学生体会研究性质的一般过程。

本节课教学重点：（1）借助函数图象，会用符号语言表达函数的单调性；（2）在理解函数单调性概念的基础上，理解函数单调性的作用，掌握函数单调性的应用。

教学难点：函数单调性的定义；利用函数单调性的定义判断函数的单调性。

四、教学过程

（一）情境引入

师：我们已经学习了函数的概念与表示，接下来我们研究函数的性质。

问1.1：什么是函数的性质？

师：运动变化的规律性是性质，变化中的不变性也是性质。函数是刻画客观世界中运动变化的重要数学模型，因此，运动变化中的规律性或不变性通常反映为函数的性质。

问1.2：观察下列函数图象，你能发现这些函数图象变化的规律性或不变性是什么吗？

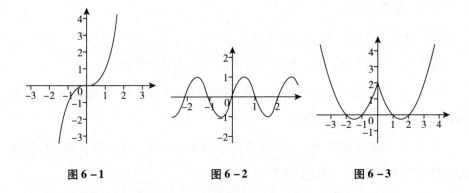

图 6 – 1   图 6 – 2   图 6 – 3

课堂预设回答 1：发现图 6 – 3 的规律是关于 y 轴对称的。

预设回答 2：图 6 – 1（图 6 – 2）的图象规律是关于原点对称。

预设回答 3：图 6 – 2 的图象有周而复始的规律。

师：对称性、周期性都是我们今后将要研究的函数的性质。我们还可以发现图 6 – 1，它的图象变化规律是从左往右整个都是上升的，而图 6 – 2 和图 6 – 3 的变化规律是从左往右有升也有降。像这种变化中的不变性就是函数的单调性。这节课我们主要研究函数的单调性。

问 1.3：如何研究函数的性质呢？

师：通过初中的学习，我们知道，先画出函数图象，通过观察和分析图象的特征，可以得到函数的一些性质。那如果函数图象暂时画不出来，比如 $y = x + \dfrac{1}{x}$，$y = \sqrt{x}$，又如何研究它们的单调性呢？

师：在上一节中，我们用集合语言和对应关系重新刻画了函数，建立了完整的函数概念。对于函数的单调性，也可以类似地用数学符号语言给出严格地形式化定义，接下来我们就研究如何用数学符号语言来描述函数的单调性。

设计意图： 在人民教育出版社普通高中教科书数学（A 版）教师用书中指出，要注意指引学生"如何研究一类数学对象"。作为函数性质单元的起始课，在此环节提出本单元统摄性问题：什么是函数性质？函数性质有哪些？如何研究函数性质？从而引导学生从更一般的角度思考函数性质的研究内容和方法。

（二）分析建构

师：这是二次函数 $y = x^2$ 的图象。

问 2.1：观察图象，在 y 轴右侧，图象有什么变化规律？

问 2.2：当 A 点在 y 轴右侧时，从左往右拖动 A 点，请同学们观察 A 点坐标有什么变化规律？（动画演示）

问 2.3：如何用数学符号语言描述"函数 $f(x) = x^2$，在 y 轴右侧函数值随自变量的增大而增大"这句话？

追问 1：图象在 y 轴右侧部分，x 的值在什么范围增大？

追问 2：怎么理解"x 增大"？如何用符号语言表示自变量 x 增大？

追问 3：如何用符号语言表示"对应的函数值增大"？（学生讨论，得出结果）

师：此时我们就说函数 $f(x) = x^2$ 在区间 $[0, +\infty)$ 上是单调递增的。

问 2.4：怎么判断 $f(x_1) < f(x_2)$？（学生活动……）

从形的角度：函数值为 $f(x_2)$ 对应的点在函数值为 $f(x_1)$ 对应点的上方。

从数的角度：比较大小的方法。

设计意图：通过问题链的形式，让学生体会研究单调性的过程：图象特征—数量刻画—符号语言。在问 2.3 中设置追问，围绕函数概念的三要素，理清单调性定义中涉及的各个要素之间的逻辑关系，初步建构出函数单调性的定义。

（三）抽象概括

问 3.1：函数 $f(x) = |x|$，$f(x) = -x^2$ 在哪个区间单调递增？

问 3.2：你们是如何判断 $f(x) = |x|$ 在 $[0, +\infty)$ 上单调递增的？能用符号语言表示吗？

问 3.3：现在我们知道函数 $f(x) = x^2$，$f(x) = |x|$，$f(x) = -x^2$ 在区间 D 上单调递增，区间 D 与定义域 I 有什么关系？

问 3.4：通过这三个具体函数的分析，从特殊到一般，你能用符号语言给出函数在区间 D 上单调递增的判断依据吗？

（学生活动……用符号语言描述函数单调递增的判断规则）

定义：如果 $\forall x_1$，$x_2 \in D$，当 $x_1 < x_2$，都有 $f(x_1) < f(x_2)$，那么就称函数 $f(x)$ 在区间 D 上单调递增。D 叫作函数 $f(x)$ 的单调递增区间，简称增区间。

师：指出三次函数图象从左往右在整个定义域上都是单调递增的，这类函数称为增函数。特别地，当函数 $f(x)$ 在它的定义域上单调递增时，我们就称它是增函数。

问 3.5：增函数的图象具有什么特征？

问 3.6：类比刚才的研究过程，能否给出函数在区间 D 上单调递减的判断依据？

追问：类比增函数的定义，给出减函数的定义。

（学生通过类比，得出函数单调递减以及减函数的定义）

定义：如果 $\forall x_1$，$x_2 \in D$，当 $x_1 < x_2$，都有 $f(x_1) > f(x_2)$，那么就称函数 $f(x)$ 在区间 D 上单调递减。D 叫作函数 $f(x)$ 的单调递减区间，简称减区间。

问 3.7：减函数的图象具有什么特征？（学生举例）

设计意图：运用"从特殊到一般"以及"类比"的数学思想方法，抽象出函数单调性的定义。在形成函数单调性定义的过程中，进一步让学生体会研究函数性质的一般过程与方法。

（四）应用理解

思考 1：设 A 是区间 D 上某些自变量的值组成的集合，而且 $\forall x_1$，$x_2 \in A$，当 $x_1 < x_2$，都有 $f(x_1) < f(x_2)$，我们能说函数 $f(x)$ 在区间 D 上单调递增吗？你能举例说明吗？（学生上台展示反例）

追问：如果 x_1 取区间 D 内固定值，x_2 取区间 D 内任意值，当 $x_1 < x_2$，都有 $f(x_1) < f(x_2)$，能判断函数 $f(x)$ 在区间 D 上单调递增吗？（学生上台展示例子）

由此得出：自变量在整个区间 D 上的取值 x_1 和 x_2（$x_1 \neq x_2$）具有任意性。不能用自变量在区间 D 内某两个值来或者区间 D 的一部分内的任意两个值 x_1，x_2 来代替。

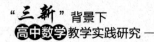

思考2：函数 $f(x) = \dfrac{2}{x}$ 在定义域内是减函数吗？为什么？

追问：增（减）函数与单调递增（减）这两个概念有什么区别？

课堂预设回答：增函数、减函数针对的是函数的整个定义域，是函数的整体性质，而函数的单调性是对定义域的某个区间，是函数的局部性质。一个函数在定义域下的某个区间具有单调性，但在整个定义域上不一定具有单调性。

例 根据定义证明函数 $f(x) = x + \dfrac{1}{x}$ 在区间 $(1, +\infty)$ 上单调递增。

分析1：如何定义函数在区间 D 上递增？

分析2：如何比较 $f(x_1)$ 与 $f(x_2)$ 的大小。

问：请同学们总结用定义证明函数单调性的步骤？

学生活动：①任取值；②比大小；③定符号；④下结论。

练 判断函数 $f(x) = x + \dfrac{1}{x}$ 在区间 $(0, 1)$ 上的单调性。

设计意图： 教材中的思考1，让学生通过自己举例说明，从而加深理解定义中 x_1，x_2 的任意性。思考2意在引导学生体会函数的单调性是对定义域内某个区间而言的，与增（减）函数定义有区别。在本环节最后带领学生证明简单函数在某个区间上的单调性，帮助学生规范并总结证明过程，再通过练习进一步加深学生对函数单调性的理解。

（五）反思小结

师：本节课我们研究了函数的第一个性质——单调性，并用数学符号语言给出严格的形式化定义。

问5.1：判断函数单调性有什么方法？

$$\text{函数的单调性}\begin{cases}\text{增函数}\\\text{减函数}\end{cases}\begin{cases}\text{图象法（直观想象）}\\\text{定义法（数学运算）}\end{cases}\text{数形结合}$$

问5.2：本节课研究函数单调性的过程是什么？（学生活动……）

具体函数 → 图象特征 → 数量刻画 → 符号语言 → 抽象定义 → 单调性判定

　　　　　　　↓　　　　　↓

　　　　　（定性刻画）（定量刻画）

师：这一研究过程同样适用于今后函数其他性质的研究。

（六）课后作业

（1）讨论函数 $f(x) = x + \dfrac{1}{x}$ 的单调性，并作出其大致图象。

（2）函数单调区间的端点值如何处理？

（3）当函数有两个或以上的单调增（减）区间时如何表示？

设计意图： 本环节总结判断单调性的方法：图象法和定义法，以及研究函数单调性的过程。回答第一环节提出的问题"如何研究函数的性质"，首尾呼应，让学生从中领悟数学基本思想，积累数学基本活动经验，并充分发挥本节课作为单元起始课的作用。以便后续在研究函数的最值、奇偶性等性质时，学生能开展持续、深刻的探究活动。

五、教学反思

本节课采用单元教学设计，通过其他省市新教材实施过程中的经验，可以发现单元教学在落实课标、建构数学知识体系、帮助学生用联系的观点思考问题等方面有强大作用。

本节课通过问题链的形式，让学生先从形的角度直观感受，发现自变量变化时函数值的变化规律，通过定量分析来解释观察图象得出的定性结果，帮助学生理解函数的概念。从抽象的过程来看，单调性的定义是通过函数图形语言到自然语言，再到数学符号语言逐步得出的。

对函数单调性定义中"任意"二字的理解是个难点。本节课通过处理教材上的思考 1 以及追问：固定其中一个量，另一个取任意值，能否判断函数的单调性。放手给学生，让学生动手尝试，从而让学生更好地理解"任意"二字。

（本案例选自 2022 年国培计划"四川云教"示范课）

"弧度制" 微课教学设计

四川省绵阳南山中学数学组　雍华

一、教材分析

(一) 教学内容及学情分析

本节微课选自高中数学人教 A 版必修一第五章 5.1.2 弧度制, 内容含弧度制的概念、角度制与弧度制间的转换、弧度与实数的对应关系。学生已经学习了锐角三角函数、角的概念的推广, 具备进一步学习任意角的三角函数的知识和能力; 而弧度制的引入是实现角与实数的一一对应, 建立任意角三角函数与锐角三角函数联系的桥梁。因此, 本节微课从弧度制引入的意义、角度制与弧度制的转化出发, 揭示了弧度与实数的一一对应关系, 为后文的学习奠定基础。

(二) 教学目标设计

(1) 通过类比长度、重量等不同单位制度量方式, 引出角度制与弧度制两种度量角的单位制。从联系的观点出发, 建立初中锐角三角函数的概念与高中函数的概念间的联系; 基于函数概念的完备性, 引入弧度制; 知道引入弧度制的意义不仅是为了解决问题方便, 更重要的是体现知识的完备性。

(2) 理解角度制和弧度制的概念。

(3) 从单位圆的角度理解在弧度制下角度集与实数集之间的一一对应关系。

（4）能利用两种单位制的换算公式实现角度制与弧度制间的相互转化。

（三）教学重、难点

1. 教学重点

引入弧度制的意义，弧度制与角度制的概念，弧度制与角度制间的转化。

2. 教学难点

弧度制下，建立角度集与实数集之间的一一对应关系。

二、教学过程

环节一：问题引入

由于地球围绕太阳做圆周运动，因此，人们可以在特定时刻看到特定的星座；古代人类以某一星座为参照物，观察发现地球公转周期近似为 360 天。

基于此，角可以用度为单位进行度量，1 度的角等于周角的 $\frac{1}{360}$，这种用度作为单位来度量角的单位制叫作角度制，角度制采用的是六十进制。

我们知道，度量长度可以用十进制的米、厘米等不同单位制，度量质量可以用千克、克等不同单位制。猜想：

1. 角的度量是否也能用不同的单位制呢？

2. 不同单位制之间如何换算呢？

3. 不同的单位制除了能给解决问题带来方便以外，还有哪些实质性的作用呢？

设计意图：引导学生从观察者的角度理解角度制度量角的方式，类比长度、重量等不同单位制度量方式；同时，猜想角是否可以用不同单位制度量，以及不同单位制间的换算，引导学生思考引入新的单位制的用途。

环节二：新知探究

问题 1 初中学习了直角三角形中锐角三角函数，设锐角 A 为自变量，正弦值为因变量（图 6-4），你认为锐角三角函数是否满足高中数学函数的概念呢？

$$sinA=\frac{对边}{斜边}, 其中A\in(0°, 90°)$$

图 6 - 4

师生活动：老师引导学生从函数"对应关系说"的角度理解两者的联系，即初中锐角三角函数的对应关系（图 6 - 5）是六十进制的角度与十进制的实数之间的对应关系，因此，与高中函数概念中非空数集间的对应关系（图 6 - 6）相矛盾。

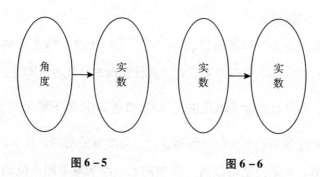

图 6 - 5　　　　　　**图 6 - 6**

设计意图：对比研究新旧概念的联系，基于学生的就近发展区，引导学生思考：因单位不统一，在角度制下的锐角三角函数的概念与函数概念略有冲突，不能实现函数概念的完备性，因此，需要将角用十进制的实数来度量。

问题 2　能否像度量长度那样，用十进制的实数来度量角的大小呢？

师生活动：老师给出弧度的定义。

我们规定：长度等于半径长的圆弧所对的圆心角叫作 1 弧度的角，弧度单位用符号 rad 表示，读作弧度。

追问 1：在单位圆 O 中，$\overset{\frown}{AB}$ 的长等于 1，$\angle AOB$ 就是 1 弧度的角。请填空（图 6 - 7）：

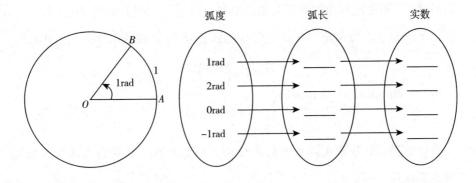

图 6-7

师生活动：学生思考并回答，老师完善结论（图6-8）：在单位圆中，从始边 *OA* 出发，按逆时针旋转1弧度角，弧度数是1，对应的弧长等于1，与之对应的实数是1；旋转2弧度角，弧度数是2，对应的弧长是2，对应的实数是2；没有旋转，弧度数是0，对应的弧长是0，对应的实数也是0。按顺时针旋转1弧度角，弧度数是−1，对应的弧长等于1，与之对应的实数是−1；旋转2弧度角，弧度数是−2，对应的弧长是2，对应的实数是−2。

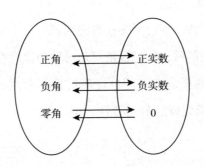

图 6-8

设计意图：通过列举的方式，引导学生从执行者的角度，在单位圆中认识任意角、弧度数、弧长三者间的一一对应关系，由于长度与十进制的实数相对应，进而将弧度数与实数一一对应，实现角度集与实数集的一一对应。

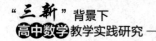

问题3 弧度制和角度制都是角的度量制，它们之间如何换算呢？

在单位圆中，周角是 $360°$，它对应的弧长是 2π，因此有如下关系式：

$$360° = 2\pi\text{rad} \Rightarrow 180° = \pi\text{rad} \Rightarrow \begin{cases} 1\text{rad} = \left(\dfrac{180}{\pi}\right)° \\ 1° = \dfrac{180}{\pi} \end{cases}$$

设计意图： 引导学生以熟悉的单位圆为研究对象，从周角及其弧长出发得到换算公式。

环节三：巩固应用

例1 把 $67°30'$ 化成弧度。

解：$67°30' = 67.5° = \dfrac{135}{2} \times \dfrac{\pi}{180}\text{rad} = \dfrac{3\pi}{8}\text{rad}$

例2 将 3.14rad 换算成角度（用度数表示，精确到 0.001）。

解：$3.14 = 3.14 \times \dfrac{180}{\pi} \approx 179.909°$

设计意图： 引导学生灵活应用换算公式解决实际问题。

环节四：反思小结

追问2：本节课，我们探讨了哪些典型问题？

追问3：引入弧度制后，你对锐角三角函数的概念有哪些新的认识？

角的两种单位制的概念、不同单位制的换算公式、引入弧度制的意义，即：为体现高中数学函数概念的完备性，引入弧度制，将角用十进制的弧度来度量。

在高中数学函数概念的范畴，初中锐角三角函数的定义实质上是 $0 \sim \dfrac{\pi}{2}$ 内实数与实数之间的对应关系。

设计意图： 再现本节课研究的主要内容，让学生反思：在弧度制下，锐角三角函数的概念与高中函数概念的一致性。

环节五：课后作业

1. 填表

表 6－3

角度	0°	30°	60°	90°	120°	150°	210°	240°	270°	300°
弧度										
弧度	$-\dfrac{9\pi}{8}$	$-\dfrac{5\pi}{8}$	$-\dfrac{\pi}{4}$	$\dfrac{5\pi}{9}$	$\dfrac{11\pi}{12}$	$\dfrac{5\pi}{3}$	$\dfrac{7\pi}{4}$	2π	$\dfrac{8\pi}{3}$	$\dfrac{11\pi}{3}$
角度										

2. 请查阅资料

在研究具有周期性变化规律的现象中，引入弧度制能给我们的研究带来哪些便利？如果不引入弧度制，可能会出现哪些问题？

设计意图：作业 1 是为了引导学生灵活使用换算公式，作业 2 的目的是引导学生查阅引入弧度制的意义及相关资料。一是让学生更多地了解周期性变换规律，感知周期性的本质；二是让学生深度感知什么是概念的完备性，高中数学在初等数学与高等数学间起着怎样的桥梁作用。

三、教学思考

本节微课是一节数学概念课，对于 6 分钟以内的微课视频而言，教学内容的选取和教学设计上应落实"小""实""新"。课堂引入可源于生活，也可源于知识的背景，体现知识的实用性，让学生明白所学知识"是什么"和"为什么"；教学设计要体现数学知识体系的逻辑性和数学的严谨性；课后可留有少量练习，引导学生检测自己对知识的掌握程度。

（本案例获 2022 年绵阳市微课大赛一等奖）

"三角函数诱导公式（一）"微课教学设计

四川省绵阳南山中学数学组　文媛

一、教材分析

（一）教学内容及学情分析

本节课的教学内容是诱导公式二、三、四，在此之前，学生已经学习了角的概念的推广、弧度制、任意角三角函数的定义以及同角三角函数关系，诱导公式一。学生已初步学会在单位圆中利用任意角三角函数的定义分析解决简单的问题，如推导同角三角函数的基本关系等。

本节课的教学要紧扣任意角三角函数的定义，利用单位圆的对称性，通过两个角的终边的对称关系，揭示相关角之间的三角函数值的关系。从而将任意角的三角函数值的问题转化为 $0° \sim 90°$ 的角的三角函数值问题。

（二）教学目标设计

（1）从三角函数的定义出发，借助单位圆关于原点的对称性，推导 $\pi + \alpha$ 的正弦、余弦与正切，发展直观想象和逻辑推理素养。

（2）类比公式二的推导过程，探究 $-\alpha$ 与 $\pi - \alpha$ 的正弦、余弦和正切，得出公式三、公式四，获得基本思路，积累基本活动经验。

（三）教学重点、难点分析

（1）重点：从三角函数的定义出发，借助单位圆，推导出诱导公式，理解并掌握诱导公式，从而将任意角的三角函数值的问题转化为 $0° \sim 90°$ 的角的三角函数值问题。

（2）难点：发现诱导公式所研究的问题，建立单位圆的对称性，任意角 α 与 $\pi \pm \alpha$、$-\alpha$ 的正弦、余弦与正切之间的联系。

（四）教学策略分析

从教学任务来看，本节课是新授课，以传授知识、教授新方法、发展新能力为主要任务，教学中应以"规律学习"为中心内容。因此，教学过程中要以"探究法"教学为主，创设情境，引导学生自主探索，合作探索，努力让每位同学参与到新知识的发生发展过程中来。

在教学技术手段上，充分运用几何画板等动态改变角的终边位置，从而直观体现角的终边的对称性，便于学生借助单位圆直观判断任意角 α 与 $\pi \pm \alpha$、$-\alpha$ 的终边的位置关系，感受诱导公式的本质，加深对公式的理解。

二、教学过程

（一）课题导入

师：同学们，任意角 α 的正弦、余弦、正切函数是怎样定义的呢？

生：给定的任意角 $\alpha \in \mathbf{R}$，这个角的终边与单位圆的交点的横坐标为 x，纵坐标为 y，那么，我们把这个点的纵坐标 y 叫作 α 的正弦函数，记作 $\sin\alpha$；把这个点的横坐标 x 叫作 α 的余弦函数，记作 $\cos\alpha$；把这个点的纵坐标和横坐标的比值 $\dfrac{y}{x}$ 叫作 α 的正切函数，记作 $\tan\alpha$，这里的 x 不能等于零。

师：我们先来看一下之前学习过的公式一：

$\sin(\alpha + 2k\pi) = \sin\alpha$，

$\cos(\alpha + 2k\pi) = \cos\alpha$，（其中 $k \in \mathbf{Z}$）

$\tan(\alpha + 2k\pi) = \tan\alpha$。

事实上这一组公式描述的是终边相同的角的同一三角函数值相等。由公式一可知，角 α 的终边每绕原点旋转一周，函数值将重复出现。我们可以利用公式一，将任意范围内的角的三角函数值转化到 $[0，2\pi)$ 内的三角函数值。那么如何继续将 $[0，2\pi)$ 内的角的三角函数值转到熟悉的 $[0，\dfrac{\pi}{2})$ 间的角的三角函数值呢？

师：我们发现，有一些角，它们的终边具有某种特殊关系，如关于原点对称、关于坐标轴对称，那么它们的三角函数值有何关系呢？

（二）探究活动

探究一：终边关于原点中心对称的角的三角函数值之间有什么关系？

师：如图 7-1，在直角坐标系内，设任意角 α 的终边与单位圆交于点 P_1 $(x，y)$。将角 α 的终边按逆时针方向旋转角 π，终边与单位圆交于点 P_2，角 α 与角 $\pi+\alpha$ 的三角函数值之间有什么关系呢？

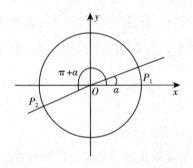

图 7-1

探究思路：

（1）角 α 终边与角 $\pi+\alpha$ 终边的关系；

（2）角 α 终边与单位圆的交点坐标与角 $\pi+\alpha$ 终边与单位圆的交点坐标间的关系；

（3）角 α 与角 $\pi+\alpha$ 的三角函数值之间的关系。

生1：角 α 终边与角 $\pi+\alpha$ 终边关于原点对称，则 P_2 是 P_1 关于原点的对称点，所以 $P_2(-x，-y)$。所以利用三角函数的定义可以得 $\sin\alpha=y$，$\cos\alpha=x$，$\tan\alpha=\dfrac{y}{x}$。那么 $\sin(\pi+\alpha)=-y$，$\cos(\pi+\alpha)=-x$，$\tan(\pi+\alpha)=\dfrac{-y}{-x}=\dfrac{y}{x}$。

师：我们再来横向比较一下两个角的三角函数值之间的关系可以发现：α 与 $\pi+\alpha$ 的正弦值互为相反数，余弦值互为相反数，正切值相等。由此我们得到公式二：

$$\sin(\pi+\alpha) = -\sin\alpha$$

$$\cos(\pi+\alpha) = -\cos\alpha$$

$$\tan(\pi+\alpha) = \tan\alpha$$

那么这一组公式描述的是终边关于原点中心对称的角的三角函数间的关系。

探究二：师：仿照刚才的探究过程，请同学们分组探究。

第一组：终边关于 x 轴对称的角的三角函数值之间的关系；

第二组：终边关于 y 轴对称的角的三角函数值之间的关系。

探究思路：

（1）画出与角 α 终边关于 x 轴（y 轴）对称的角的终边；

（2）找出角 α 终边与单位圆的交点坐标和角 α 终边关于 x 轴（y 轴）对称的角的终边与单位圆的交点坐标间的关系；

（3）找出与角 α 终边关于 x 轴（y 轴）对称的角的三角函数值之间的关系。

学生活动：思考交流 5 分钟，每组派一个代表展示成果。

生 2：如图 7-2，由于角 α 的终边与 $-\alpha$ 的终边关于 x 轴对称，因此它们与单位圆的交点 P_1 与 P_3 关于 x 轴对称，所以 $P_3(x, -y)$。

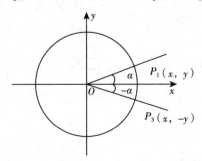

图 7-2

我们仍然借助单位圆和三角函数的定义可以得

$$\sin\alpha = y, \quad \cos\alpha = x, \quad \tan\alpha = \frac{y}{x};$$

$$\sin(-\alpha) = -y, \quad \cos(-\alpha) = x, \quad \tan(-\alpha) = \frac{-y}{x}。$$

所以可得

$$\sin(-\alpha) = -\sin\alpha$$

$$\cos(-\alpha) = \cos\alpha$$

$$\tan(-\alpha) = -\tan\alpha$$

这一组公式描述了终边关于 x 轴对称的角的三角函数间的关系。

生3：由于角 α 的终边与 $\pi-\alpha$ 的终边关于 y 轴对称，因此它们与单位圆的交点 P_1 与 P_4 关于 y 轴对称，所以 $P_4(-x, y)$。我们仍然借助单位圆和三角函数的定义可以得

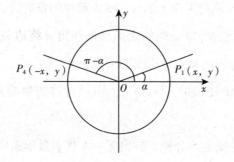

图 7 – 3

$$\sin\alpha = y, \quad \cos\alpha = x, \quad \tan\alpha = \frac{y}{x};$$

$$\sin(\pi-\alpha) = y, \quad \cos(\pi-\alpha) = -x, \quad \tan(\pi-\alpha) = \frac{y}{-x}。$$

所以可得：

$$\sin(\pi-\alpha) = \sin\alpha$$

$$\cos(\pi-\alpha) = -\cos\alpha$$

$$\tan(\pi-\alpha) = -\tan\alpha$$

这一组公式描述了终边关于 y 轴对称的角的三角函数间的关系。

（三）公式生成

师：结合刚才的探究，我们就得到了以下四组诱导公式：

公式一：$\sin(2k\pi + \alpha) = \sin\alpha$

$\cos(2k\pi + \alpha) = \cos\alpha \quad (k \in \mathbf{Z})$

$\tan(2k\pi + \alpha) = \tan\alpha$

公式二：$\sin(\pi + \alpha) = -\sin\alpha$

$\cos(\pi + \alpha) = -\cos\alpha$

$\tan(\pi + \alpha) = \tan\alpha$

公式三：$\sin(-\alpha) = -\sin\alpha$

$\cos(-\alpha) = \cos\alpha$

$\tan(-\alpha) = -\tan\alpha$

公式四：$\sin(\pi - \alpha) = \sin\alpha$

$\cos(\pi - \alpha) = -\cos\alpha$

$\tan(\pi - \alpha) = -\tan\alpha$

现在回头反思一下，我们是怎么得到这几组公式的？

生：对称关系→角间关系→坐标关系→三角函数间的关系。

（四）应用巩固

例1 利用公式求下列三角函数值：

（1）$\cos225°$；

（2）$\sin\dfrac{8\pi}{3}$；

（3）$\sin\left(-\dfrac{16\pi}{3}\right)$。

师：由例1，你对公式一到公式四的作用有什么进一步的认识？你能自己归纳一下把任意角的三角函数转化为锐角三角函数的步骤吗？

教师引导学生归纳总结。

生：利用公式一到公式四，可以将任意角的三角函数转化为锐角三角函数，其一般步骤为：

任意负角的三角函数→任意正角的三角函数（用公式一或三）→0~2π 的三角函数（用公式一）→锐角的三角函数（用公式二或四）。

例 2 化简：$\dfrac{\cos(180°+\alpha)\sin(\alpha+360°)}{\tan(-\alpha-180°)\cos(-180°+\alpha)}$。

（五）反思提升

师：请结合诱导公式的形成过程及其作用，谈谈你是怎样理解诱导公式的？

学生自由讨论发言，教师归纳总结。

师：事实上，诱导公式反映了单位圆的对称性，所以圆的对称性与诱导公式是等价的，只不过一个是形的表现形式，而另一个是数的表现形式。从而，诱导公式的实质是将图形的对称关系"翻译"成了三角函数之间的代数关系。

师：这么多的诱导公式该如何记忆呢？

结合刚才的分析，引导学生按"对称关系→角间关系→坐标关系→三角函数间的关系"的方式来记忆公式。

师：结合单位圆你还能发现其他的对称关系吗？我们还能得到相应的诱导公式吗？

引导学生提出其他的对称情形，承上启下；同时引出下节课将要研究的问题，激发学生的兴趣，课后可以先行探究。

三、教学思考

本节课是数学公式教学课，数学公式揭示了数学知识的基本规律，具有高度符号化、抽象性和概括性的特征。学生在公式学习的过程中喜欢背诵公式（尤其是成绩中等偏下的学生），解题中也倾向于直接套用公式，这类学生基本上不关注公式的由来，只注重公式的形式。一切公式只要对解题有所帮助就直接套用，但需要对公式变形使用或者涉及公式本质时就无能为力了。由此可见，公式教学要弄清楚公式产生的背景与来龙去脉，重视推导与证明，挖掘并领悟公式推导过程中包含的思想方法，强调使用条件和范围，注意公式的特例与引申变形，弄清公式与其他知识的多元联系，只有这样才能抓住根本，学生数学素养也能得以提升。

（本案例获 2022 年绵阳市微课大赛一等奖）

"对数函数"单元教学设计

四川省绵阳南山中学数学组　鲁洁玉

一、单元内容和内容解析

(一) 内容

本单元的知识结构如下：

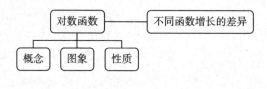

图 7 – 4

本单元是人民教育出版社普通高中教科书必修一第四章第四节对数函数。本单元内容包括对数函数的概念、图象和性质，是中学数学中的重要内容。本单元共 3 个课时，第 1 课时内容是对数函数的概念，第 2 课时是对数函数的图象和性质，第 3 课时是不同函数模型的增长差异。

(二) 内容解析

函数是现代数学最基本的概念，是描述客观世界中变量关系和规律的最为基本的数学语言和工具，在解决实际问题中发挥重要作用。函数是贯穿高中数学课程的主线，第四章是基本初等函数章节。本单元对数函数隶属于第四章的第二节，上位知识有函数的概念与性质、幂函数、指数函数的图象和性质、对数的概念，以及指数与对数的互逆关系；下位知识有函数与方程的关系，用函数的观点研究方程的解，以及函数模型的实际应用。

课程标准要求，学生应当学会用函数图象和代数运算的方法研究所学基本初等函数（幂函数、指数函数、对数函数）的性质；理解这些函数中所蕴含的运算规律；运用这些函数建立模型，解决简单的实际问题，体会这些函数在解决实际问题中的作用。

本单元内容就是在学生已经经历了研究两类基本初等函数——幂函数、指数函数的图象与性质的学习方法和过程后，继续研究另一类基本初等函数——对数函数，是研究函数路径"背景—概念—图象与性质—应用"的再强化。

首先对4.2中涉及的函数背景进一步提出问题，引出学习对数函数的必要性，以指数与对数的关系作为切入点，使用演绎推理的方法，抽象概括对数函数的概念；再类比指数函数图象与性质的研究过程，研究对数函数的研究过程；引导学生发现指数函数和对数函数的关联，了解反函数；最后对三种函数模型的增长差异进行对比，为后续函数的实际应用做准备。

学生在本单元经历了第三次研究函数的一般化方法，已然可以顺利建立研究函数的基本范式，这为今后研究函数提供了非常有效的能力基础。

根据以上分析，本单元的教学重点是：运用研究函数的一般性方法研究对数函数的图象及性质。

二、单元目标和目标解析

（一）目标

（1）通过具体实例，了解对数函数的概念；

（2）能用描点法或借助信息技术认识具体对数函数的图象；

（3）通过对数函数图象分析对数函数的定义域、值域、单调性、奇偶性以及特殊点；

（4）知道对数函数 $y = \log_a x$ 与指数函数 $y = a^x$ 互为反函数（ $a > 0$ 且 $a \neq 1$ ）；

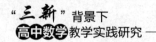
（5）利用计算工具，比较对数函数、线性函数、指数函数增长速度的差异，理解"对数增长""直线上升""指数爆炸"等术语的现实含义。

（二）目标解析

具体解析如下：

（1）通过目标（1）感受对数函数的实际背景，感悟对数函数概念引入的必然性，继续体会从特殊到一般、从具体到抽象的数学思想，提升逻辑推理素养和数学抽象素养。

（2）通过目标（2）体会计算机技术为数学研究学习带来的便利性，体会用联系的观点看问题，用已知函数图象和对称性来作新函数图象的方法。

（3）通过目标（3）感受函数图象与性质即是形与数的对应，以形助数，体现数形结合的魅力，感受同一函数的不同表征形式。继续巩固运用函数图象研究函数性质的一般性方法，知道要研究什么、怎么研究，提升归纳、类比等逻辑推理素养。

（4）通过目标（4）感悟指数函数和对数函数是从不同角度研究同一类问题变化规律的两大基本初等函数。

（5）通过目标（5）进一步体会计算机技术为数学研究学习带来的便利性，感受三种函数增长速度的差异，理解三种术语的现实含义，为后续在实际问题中，选择合适的函数类型刻画现实问题的变化规律打下理论基础。

三、单元教学问题诊断分析

学生在此前经历了幂函数、指数函数的学习方法和过程，体会了研究一般函数的方法，具备了类比、数形结合的数学思想，积累了从特殊到一般、从具体到抽象的数学活动经验。因此学生已具备了从特殊到一般、从具体到抽象的方法认识对数函数，以及通过对数函数图象研究对数函数性质的基本方法和基本能力。

但学生在学习本单元内容时可能会遇到以下困难：

（1）构建对数函数概念的方法与构建指数函数概念的方法略有不同，学生可能存在认知困难；

（2）由特殊到一般的方法认识对数函数图象时，容易忽略函数定义域与值域的限制，容易忽略底数 a 的分类；

（3）学生的计算、作图能力不足以支持认识三种函数增长速度的差异。

为突破以上困难，教学中需要教师为学生提供适当的先行组织材料，鼓励学生积极主动地参与获得函数性质的过程，启发学生思考，引导学生把握内容本质；同时养成使用信息技术进行复杂运算和作图的意识。

为解决难点（1），由对数运算入手，通过设置问题链挖掘函数本质，借助函数定义进行推理，再类比指数函数从特殊到一般，抽象概括对数函数的定义。

为解决难点（2），类比指数函数图象的研究过程，把底数为 2 和 $\frac{1}{2}$ 划为一组，3 和 $\frac{1}{3}$ 划为一组进行对比分析，体会利用已知函数的图象和对称性作出未知图象的方法，体现以数助形的数形结合思想，同时体现了将相似问题进行横向、纵向对比的一种研究方法。再借助信息技术作出大量不同底数的对数函数图象，便于直观归纳它们的共同特点。

为解决难点（3），在本单元中可以利用信息技术列表、作图，以便多元地表示对数函数，帮助学生克服学习中可能遇到的困难，更好地理解对数函数的概念和性质，体会以形助数、以数助形的数形结合思想。

基于以上分析，设定本单元的教学难点是：对数函数的概念、图象和性质。

四、教学支持条件分析

在本单元的教学中，教师应以问题引导全程，在关联的情境中用数学的眼光找到研究的对象，并提出有意义的问题，运用不同的学习材料启发学生反复思考，通过小组合作学习，展示学生的学习成果，让学生充分发表自己的观点，在此过程中学生不断将知识、方法内化成为自己的认知结构。这样做可使学生经历新知识产生的过程，认识新旧知识的联系，在过程中感受研究新函数的一般性方法，并积累研究函数的基本活动经验。同时利用信息技术进行多种方式的研究，将学生从机械重复的运算、作图中解放出来，去思考更多有意义的问题，提高抽象概括和数形结合的数学能力，提升数学抽象、逻辑推理和直观想象素养。

五、教学过程设计

第1课时 4.4.1 对数函数的概念

（一）创设情境

播放《1分钟了解良渚遗址》短片。

问题1 我们了解了良渚遗址是中国最大的史前城址，它的发现可以作为中华文明上下五千年的实证，那么考古学家是如何发现这一实证的呢？

追问：4.2.1的问题2中，我们已经研究了死亡生物体内碳14的含量 y 随死亡时间 x 的变化而衰减的规律。反过来，已知死亡生物体内碳14的含量，如何得知它死亡了多长时间？

设计意图：良渚遗址是距今5000年左右长江中下游地区等级最高的城址，它对研究中华五千年文明的起源具有重要的参考价值，设置这一问题，既能引入对数函数概念，又体现了数学的育人功能。

（二）构建概念

问题2 假如已经测得碳14含量 y 随时间 x（单位：年）的变化规律可用指数函数 $y=\left(\dfrac{1}{2}\right)^{\frac{x}{5730}}$（$x \geqslant 0$）刻画，$y=0.8，0.6，0.4$，那么可以计算得出死亡生物体死亡了多长时间，如何计算？

追问1：借助计算器，我们可以很轻松地计算出对应的 x，如果给出更多的 y 呢？是否也能对应计算出 x？

追问2：死亡时间 x 是碳14含量 y 的函数吗？对应的集合 A、B 分别是什么？试用函数的定义去描述这个关系。

追问3：除了用定义的方法判断，还能从指数函数 $y=\left(\dfrac{1}{2}\right)^{\frac{x}{5730}}$ （$x\geqslant 0$）的图象中去认识这一关系吗？

设计意图：利用信息技术协助解决复杂计算的问题，通过由特殊到一般的方法，从形和数两个方面去认识指数函数中 x 也是 y 的函数关系，为构建对数函数的概念作准备。

问题3 如果将底数换成其他常数，x 还是 y 的函数吗？你能归纳出这类函数的一般形式吗？

追问1：底数 a 有范围的要求吗？

追问2：这个函数的自变量是什么？函数值是什么？符合一般函数的表示习惯吗？

追问3：如何让它符合表示习惯？为什么可以这样做？

追问4：这个函数的定义域是什么？

设计意图：从特殊到一般、从具体到抽象，通过演绎推理得出对数函数的概念，特别强调对数函数的形式特征和定义域。

（三）例题解析

例1 求下列函数的定义域：

（1）$y=\log_3 x^2$；

（2）$y=\log_a(4-x)$（$a>0$，且 $a\neq 1$）。

设计意图：通过求对数函数的定义域，熟悉对数函数的概念。

例2 假设某地初始物价为1，每年以5%的增长率递增，经过 t 年后的物价为 w。

（1）该地的物价经过几年后会翻一番？

（2）填写下表，并根据表中的数据，说明该地物价的变化规律。

表 7-1

物价 w	1	2	3	4	5	6	7	8	9	10
年数 t										

追问1：从表格数据中，你能直观感受到该地物价的变化规律吗？你认为采用哪种表示方法能够更加直观地感受？

追问2：与指数函数相比，增长的快慢如何？

设计意图：通过物价问题，体会对数函数的实际意义；体会函数三种表示方法的特点；体会在实际问题中，选择适合的表示方法获得想要的信息；体会用数学的眼光去观察生活中的实际问题，用数学的语言去表达实际问题，用数学的思维去分析、解决实际问题。

（四）巩固练习

练习1：求下列函数的定义域：

(1) $y = \ln(1 - x)$；

(2) $y = \dfrac{1}{\lg x}$；

(3) $y = \log_7 \dfrac{1}{1 - 3x}$；

(4) $y = \log_a |x|$（$a > 0$，且 $a \neq 1$）。

练习2：画出下列函数的图象：

(1) $y = \lg 10^x$；

(2) $y = 10^{\lg x}$。

设计意图：通过课堂练习，巩固理解对数函数的概念，再次强调对数函数的形式特征和定义域；通过对练习2的化简，体会对数恒等式的两个形式，但同时也要注意不同形式下变量范围的限制，强调定义域在研究函数中占据的首要地位，为下个课时打下基础。

（五）小结归纳

学习完本节课，回答下列问题：

我们是从哪两个方面来判断死亡年数是关于碳14含量的函数？

我们概括出对数函数概念的方法，与指数函数概念相同吗？是怎么得出的？

在概括出对数函数的概念后，我们还对这个函数的哪些方面作了分析？

设计意图：通过几个问题，引导学生回顾本节课的重要内容：概括对数函数的概念。在回顾过程中再次体会判断一个对应关系是否为函数的两种方法；体会概念生成的另一种方式：演绎推理；再次强调了对数函数中对底数和真数的要求。

第 2 课时　4.4.2 对数函数的图象与性质

（一）回顾旧知

问题 1　你还记得指数函数的研究思路吗?

设计意图：函数有三种表征形式：定义、图象和性质。指数函数和对数函数是现实生活中非常重要的两个函数模型，也是具有互逆关系的两种函数。教学中首先回忆指数函数的研究思路，也就暗示本节课将采用类比的方法研究对数函数，这也是研究函数路径"背景—概念—图象与性质—应用"的再强化。

（二）合作探究

问题 2　用描点法在同一坐标系中作出下列对数函数的图象。（以小组为单位合作完成）

① $y = \log_2 x$ 和 $y = \log_{\frac{1}{2}} x$;

② $y = \log_3 x$ 和 $y = \log_{\frac{1}{3}} x$。

表 7 − 2

y \ x	$\frac{1}{2}$	1	2	4	8	16
$y = \log_2 x$						
$y = \log_{\frac{1}{2}} x$						

表 7 − 3　（备注：$3^{\frac{1}{2}} \approx 5.2$，$3^{\frac{1}{2}} \approx 15.6$）

y \ x	$\frac{1}{3}$	1	3	$3^{\frac{1}{2}}$	9	$3^{\frac{1}{2}}$
$y = \log_3 x$						
$y = \log_{\frac{1}{3}} x$						

① 描点、连线

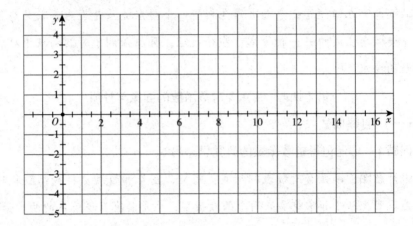

图 7-5

② 描点、连线

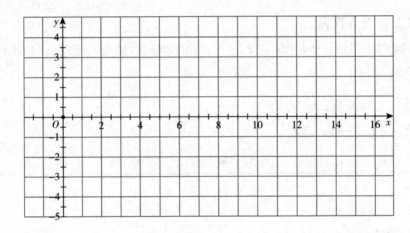

图 7-6

追问1：通过图①和图②，你有发现什么关系吗？你能尝试从代数运算的角度理解这种关系吗？（提示：运用对数的运算性质进行分析）

追问2：你能由此推断出 $y = \log_a x$ 和 $y = \log_{\frac{1}{a}} x$ 图象的关系吗？这个关系对于你画出对数函数的图象有什么帮助吗？

追问3：类比指数函数，你可以猜想出对数函数图象的分类吗？

设计意图：将底数分类提供给学生进行列表、描点、连线，学生再次经历由特殊到一般认识函数图象的基本过程，体会对数函数的定义（解析式）与图象之间的关系。通过函数的对称性可以帮助我们简化研究内容，这是一种非常重要的研究方法。此处分为两张表格：一是类比指数函数的分类依据，二是控制同一张图中的对比变量，使得学生更容易发现两组图象之间的区别与联系。

问题3 借助信息技术，你能将对数函数的图象进行归类吗？

表 7-4

图象		

设计意图： 利用信息技术展示底数变化对对数图象产生的影响，使学生能够有对对数图象两种分类的直观认识，积累运用计算机技术实现"先猜想、后验证"数学活动的基本经验。

问题4 当 $a > 1$ 时，对数函数的图象有何特征？

问题5 由这些图象特征你能概括出当 $a > 1$ 时对数函数的性质吗？

表 7-5

图象特征	函数性质
①这些图象都位于_____侧	①
②这些图象都经过点_____	②
③区间（0，1）内图象恒在_____ 区间（1，+∞）内图象恒在_____	③
④自左向右看，图象逐渐_____	④
⑤图象是否关于原点或 y 轴对称？	⑤

设计意图：类比指数函数图象研究的基本内容，包括图象涉及的范围、图象的变化趋势、图象的对称性，以及图象是否有经过特殊位置。再次从形的角度去对应数的角度，即是对数函数的定义域（图象的横向范围）、值域（图象的纵向范围）、单调性（图象的变化趋势）、奇偶性（图象的对称性）、特殊点（图象经过特殊位置）。在这里，学生知道要研究什么与研究的结果是什么同等重要。

追问：类比 $a > 1$ 的结果，分析 $0 < a < 1$ 的情况，形成最终结果。

（三）成果展示

一般地，对数函数 $y = \log_a x$（$a > 0$ 且 $a \neq 1$）的图象和性质如表 7-6 所示：

表 7-6

图象		
定义域		
值域		
性质	单调性	
	$x > 1$ 时	
	$0 < x < 1$ 时	
	特殊点	

设计意图：类比 $a > 1$ 的研究内容和方法，学生能够顺利得出 $0 < a < 1$ 的成果。看图说话的能力体现了学生数学抽象、数形结合的基本核心素养。而由学生进行成果展示，丰富了学生的学习活动，增强了学生学习数学的自信

心和主动性，充分体现了以教师为主导、学生为主体的教学理念。

（四）延展提升

例1　比较下列各题中两个值的大小：

（1）$\log_2 3.4$ 和 $\log_2 8.5$；

（2）$\log_{0.3} 1.8$ 和 $\log_{0.3} 2.7$；

（3）$\log_a 5.1$ 和 $\log_a 5.9$（$a>0$ 且 $a\neq 1$）。

例2　如图 7-7 所示，曲线 C_1，C_2，C_3，C_4 分别对应函数 $y=\log_{a_1} x$，$y=\log_{a_2} x, y=\log_{a_3} x$，$y=\log_{a_4} x$ 的图象，则（　　）

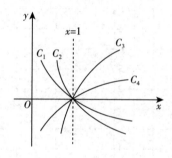

图 7-7

A. $a_4>a_3>1>a_2>a_1>0$　　　　B. $a_3>a_4>1>a_1>a_2>0$

C. $a_2>a_1>1>a_4>a_3>0$　　　　D. $a_1>a_2>1>a_3>a_4>0$

追问：你能由此得出什么结论？

设计意图：利用对数函数的单调性比较大小，体现了高中数学用函数的观点看问题的基本思想。学生在积累了指数函数和对数函数图象分析的基本经验之后，找到特殊点作为连接定义（解析式）与图象之间的桥梁，体会两种表征形式之间的联系。同时类比指数函数相同类型问题的作法得出一般性结论，能够检验学生是否已经掌握了解决此类问题的基本方法。

问题6　在同一坐标系中作出 $y=2^x$ 和 $y=\log_2 x$ 的图象，你能发现它们有何关系吗？

① 列表

表 7 - 7

	-1	0	1	2
$y = 2^x$				
	$\frac{1}{2}$	1	2	4
$y = \log_2 x$				

② 描点、连线

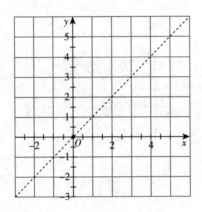

图 7 - 8

教师小结：$y = 2^x$ 和 $y = \log_2 x$ 的定义域与值域恰好互换，图象关于直线 $y = x$ 对称，我们说 $y = 2^x$ 和 $y = \log_2 x$ 互为反函数。

追问：你能由此猜想同底数的指数函数和对数函数的关系吗？

设计意图：不仅对本节课涉及的函数图象进行横向对比，又将同底数的对数函数与指数函数进行纵向对比。教师呈现关联情境下的不同材料，帮助学生在已经学过且有关联的数学问题中找到新知与旧知间的逻辑关系，这也是提升学生逻辑推理素养的一种常见途径。

（五）整合完善

学完本节课，回答下列问题：

你知道什么是对数函数吗？

你知道对数函数的图象和性质吗?

你还知道对数函数的哪些结论?

你能总结出研究函数图象和性质的一般思路吗?

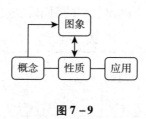

图 7-9

设计意图: 通过提问本节课主体知识点并整理结构图,使学生对本节课所学知识的结构有一个清晰的认识,引导学生建构起研究函数问题的知识体系,从感性认识上升到理性认识,体会类比、归纳、从特殊到一般的逻辑推理方法。

第 3 课时 4.4.3 不同函数模型的增长差异

(一) 创设情境

问题 1 假设你有一笔资金用于投资,现有三种投资方案供你选择,这三种方案的回报如下:

方案一:每天回报 40 元;

方案二:第一天回报 10 元,以后每天比前一天多回报 10 元;

方案三:第一天回报 0.4 元,以后每天的回报比前一天翻一番。

请问,你会选择哪种投资方案?

追问 1:为了选择投资方案,我们可以从函数的角度理解这个问题吗?

追问 2:建立三个函数模型后,我们又该如何分析它们的变化用以选择投资方案?

为了分析三种函数模型的变化特点,我们需要知道指数函数、一次函数和对数函数的增长方式。

设计意图: 通过现实模型引入,激发学生的学习兴趣,体会函数模型是刻画现实问题变化规律的重要方法,渗透数学建模素养。

（二）探究发现

问题2 为了分析指数函数和一次函数的图象，我们应当如何做？

追问1：利用信息技术列出两个函数 $y = 2^x$ 和 $y = 2x$ 的自变量与函数值的对应表格，并在同一坐标系下画出它们的图象。

表 7 – 8

	0	$\frac{1}{2}$	1	$\frac{3}{2}$	2	$\frac{5}{2}$	3	4	6	10	12
$y = 2^x$											
$y = 2x$											

描点、连线

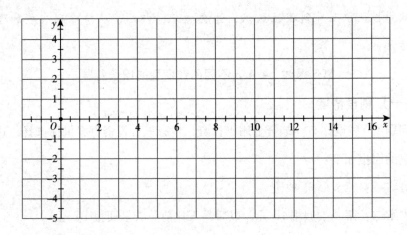

图 7 – 10

追问2：通过函数图象，你对两个函数的增长方式有何猜想？

追问3：改变一次函数的系数 k，将其设置为 10，100，1000，利用信息技术重新观察 $y = 2^x$ 与 $y = kx$ 的图象。

追问4：改变指数函数的底数 a，将其设置为 1.2，1.02，1.002，再次利用信息技术观察 $y = a^x$ 与 $y = kx$ 的图象。

追问5：你能由此得出什么结论？

设计意图： 从特殊到一般，从具体到抽象，提升学生的数学抽象素养，大量使用信息技术，能够让学生把精力放在思考如何用数学思维去分析世界，提升逻辑推理素养。

问题 3 类比指数函数和一次函数增长方式的研究方法，以小组为单位设计对数函数和一次函数增长方式的研究程序。

追问： 通过以上研究，你能由此得出什么结论？

设计意图： 根据问题 2 的研究路径，类比得到问题 3 的研究路径，问题开放程度大，学生自主参与的意识会更加强烈，不同小组选择的特殊函数不同，最后能得出相似的结论，更能体现对数函数和一次函数增长方式的一般化结论。

问题 4 在同一坐标系下画出函数 $y = 2^x$、$y = 2x$、$y = \log_2 x$ 的图象，比较它们的增长差异。

追问 1： 你能由此概括出 $y = a^x$（$a > 1$）、$y = kx$（$k > 0$）、$y = \log_b x$（$b > 1$）的增长差异吗？

追问 2： 讨论交流"直线上升""指数爆炸""对数增长"的含义。

设计意图： 三种函数在同一坐标系下作出，能够进一步直观感受"直线上升""指数爆炸""对数增长"的增长差异，为后续选择合适的函数模型刻画现实问题的变化规律作出理论指引。

（三）模型分析

练习 1：三个变量 y_1，y_2，y_3 随变量 x 变化的数据如表 7 - 9。

表 7 - 9

x	0	5	10	15	20	25	30
y_1	5	130	505	1130	2005	3130	4505
y_2	5	90	1620	29160	524880	9447840	170061120
y_3	5	30	55	80	105	130	155

其中关于 x 呈指数增长的变量是_____。

练习 2：假设有一套住房的房价从 2002 年的 20 万元上涨到 2012 年的 40 万元。表 7 - 10 给出了两种价格增长方式，其中 P_1 是按直线上升的房价，P_2

是按指数增长的房价，t 是 2002 年以来经过的年数。

表 7 – 10

t	0	5	10	15	20
P_1/万元	20		40		
P_2/万元	20		40		

（1）求函数 $P_1 = f(t)$ 的解析式；

（2）求函数 $P_2 = g(t)$ 的解析式；

（3）完成填写上表空格中的数据，并在同一直角坐标系中画出两个函数的图象，然后比较两种价格增长方式的差异。

设计意图：在两个具体的问题中再次感受不同函数模型的增长差异，理解三种函数增长的含义，为后续选择合适的函数模型刻画现实问题的变化规律做准备。

（四）感悟小结

问题 5 回到本节课一开始的问题，如何根据本课时内容定性地分析三种投资方案的变化特点？

追问：使用信息技术定量地分析三种投资方案，你能最终得出什么结论？

设计意图：函数问题的研究需要数（定量）形（定性）结合，从不同的表征方式认识同一个问题。通过图象直观感受不同函数模型的增长差异，是定性分析；通过信息技术列表可以定量地分析具体问题，两种表征方式相辅相成，缺一不可。

（本案例获 2022 年四川省新教材单元教学设计评选活动一等奖）

"椭圆及其标准方程"教学设计

四川省绵阳南山中学数学组 杨力

一、教学内容与教学重点

本节课选自高中数学选修2-1第二章圆锥曲线与方程,本节课主要学习椭圆的定义及其标准方程。本节对"椭圆及其标准方程"的探究,是从平面几何的定性作图过渡到解析几何的定量计算。其学习平台是学生已掌握曲线和方程的相关理论以及圆的方程的推导等相关知识。对本节的学习,是以后进一步研究椭圆的几何性质的基础,也为研究其他圆锥曲线提供了基本模式和研究方法。故本节课的教学重点是:椭圆的定义及椭圆标准方程的推导。

二、教学问题诊断分析

(一)学情分析

在本节课之前学生已经学习了直线与方程、圆与方程等相关知识,并掌握了曲线和方程的相关理论,已具备用坐标法研究几何问题的经验。在此基础上学习椭圆及其标准方程,是循序渐进的过程,在学习的过程中,画椭圆图形及椭圆的方程的化简,难度都有较大幅度的提高,对学生的直观想象、数学抽象,特别是数学运算的素养的培养有较高要求,难免出现困难。

(二)教学难点

根据课标要求及教学内容特点,确定本节课的教学难点:椭圆标准方程

163

的推导。

三、教学目标设置

根据内容特点和学生学习的实际，制定本节的教学目标如下：

（1）通过将教材知识和实际生活联系起来，探索并初步掌握椭圆的定义，培养学生直观想象和数学抽象的学科核心素养；

（2）通过对椭圆标准方程的推导，培养学生的数学运算的学科核心素养；

（3）利用定义和待定系数法求椭圆的标准方程，培养学生迁移并解决实际问题的能力。

四、教学支持条件分析

教具：PPT，学案，电子白板。

五、教学过程设计

结合教材知识内容和教学目标，本课的教学环节及时间分配如下：

图 7 – 11

（一）创设情境提出问题

椭圆是生活中常见的一种几何图形（展示第一组图片："鸟巢"、国家大剧院、古罗马斗兽场）；

日常生活中，点光源照射下乒乓球或篮球的影子可能是椭圆，倾斜的水杯中水面形状也可能是椭圆；

自然科学中，许多天体的运动轨迹也是椭圆（展示视频）；

我们身边有这么多椭圆形状的现象或物体，那么具有何种特征的几何图形才是椭圆呢？

设计意图：通过展示身边具有椭圆形状的物体和现象，创设情境，让学生对椭圆有一个直观的印象,然后提出问题,引入新课。发展学生数学抽象、直观想象的核心素养。

(二)构建新知

取一个椭圆规,在黑板上展示画椭圆的过程,学生分组讨论如下问题:

问题1 椭圆上的点在运动过程中满足什么条件?

让多个小组交流分享讨论结果,相互补充,相互评价。

〔平面内,椭圆上的点到两定点距离之和等于常数(细绳的长度)〕

问题2 比较常数和两定点间的距离大小?

(常数大于两定点间的距离)

问题3 如果常数等于或者小于两边之和会得到怎样的图形?

椭圆的定义:

把平面内与两个定点 F_1,F_2 的距离的和等于_____的点的轨迹叫作椭圆,_____叫作椭圆的焦点,_____叫作椭圆的焦距,焦距的_____称为半焦距。

设计意图:动手画椭圆,感知椭圆形成满足的几何特征,通过问题探究的方式引导学生观察、辨析、归纳,培养学生数学抽象的学科核心素养。

问题4 是什么原因造成椭圆大小不一样,扁圆程度不一致?

(总结刻画椭圆有两个量,一是焦距,二是常数。)

在学习圆的过程中,可以用圆心和半径两个量刻画圆,也可以通过圆的方程刻画圆。类比求圆的方程的路径,下面我们运用这种活动经验来研究椭圆的方程。

第一步:建立直角坐标系

由前面所学知道,建系时应注意使已知点的坐标尽可能简单,并充分利用图形的几何特征。合理引导学生从数学美的角度和图形的对称性来看,选择其中一种建系方案:

以焦点 F_1,F_2 所在直线为 x 轴,线段 F_1,F_2 的中垂线为 y 轴,建立坐标系。

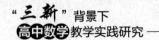

第二步：构建方程

根据前面讨论知道，刻画椭圆需要两个量，一是焦距，令为 $2c$，另一个是距离之和，令为 $2a$，显然 $a>c$。则 $F_1(-c,\ 0)$，$F_2(c,\ 0)$，

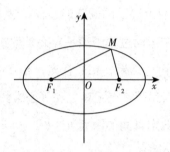

图 7 – 12

设椭圆上一点 $M(x,\ y)$，由 $|MF_1|+|MF_2|=2a$，

得 $\sqrt{(x+c)^2+y^2}+\sqrt{(x-c)^2+y^2}=2a$。

第三步：化简方程

问题 5 去掉根式有哪些方法？（平方，分子有理化）

两种方案提出后学生分组提供运算程序，并实际操作之后求得运算结果。

小组活动：（方案一 平方法）

$$(x+c)^2+y^2=4a^2-4a\sqrt{(x-c)^2+y^2}+(x-c)^2+y^2$$

$$a^2-cx=a\sqrt{(x-c)^2+y^2}$$

$$(a^2-c^2)\ x^2+a^2y^2=a^2(a^2-c^2)$$

（引导学生观察两边都有共同因式，所以等式两边同时除以非零常数，可以分离常数）

$$\frac{x^2}{a^2}+\frac{y^2}{a^2-c^2}=1\ (a>c>0)$$

（引导学生类比直线方程的截距式 $\frac{x}{a}+\frac{y}{b}=1$，观察两个方程的结构特征，使得到的椭圆方程方便记忆，并且使方程更简单整齐）

令常数 $a^2-c^2=b^2\ (b>0)$，

则 $\dfrac{x^2}{a^2} + \dfrac{y^2}{b^2} = 1$（$a > b > 0$）

指出该方程就是焦点在 x 轴的椭圆的标准方程。

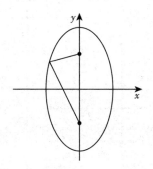

图 7 – 13

小组活动：（方案二　分子有理化）

$$\sqrt{(x+c)^2+y^2} + \sqrt{(x-c)^2+y^2} = 2a \quad ①$$

$$\dfrac{4cx}{\sqrt{(x+c)^2+y^2} - \sqrt{(x-c)^2+y^2}} = 2a \quad 即$$

$$\sqrt{(x+c)^2+y^2} - \sqrt{(x-c)^2+y^2} = \dfrac{2cx}{a} \quad ②$$

方程① + ②，可以化简消去一个根式得到 $2\sqrt{(x+c)^2+y^2} = 2a + \dfrac{2cx}{a}$，再次平方就去掉根号，化简得到椭圆的标准方程。

设计意图： 含有两个根式的化简难度远远大于化简圆的方程中一个根式的化简难度，通过提出化简根号的常用办法（平方法，分子有理化方法），探索合理有效的运算方法，采用小组合作方式对两种方法的运算程序进行实际操作，对比优化，最后求得运算结果。培养学生数学运算的学科核心素养。

随后可以推导焦点在 y 轴上的椭圆的标准方程 $\dfrac{y^2}{a^2} + \dfrac{x^2}{b^2} = 1$（$a > b > 0$）。

（引导学生观察图 7 – 13 相当于将图 7 – 12 中 x 轴，y 轴交换，再将 x 轴改变方向，故只需将两个方程中的 x，y 互换，从而得到焦点在 y 轴上的椭圆的标准方程）

167

表 7 – 11

	焦点在 x 轴上	焦点在 y 轴上
标准方程	$\dfrac{x^2}{a^2}+\dfrac{y^2}{b^2}=1$ （$a>b>0$）	$\dfrac{y^2}{a^2}+\dfrac{x^2}{b^2}=1$ （$a>b>0$）
图形		
焦点坐标	$F_1(-c,0)$，$F_2(c,0)$	$F_1(-c,0)$，$F_2(c,0)$
a，b，c 的关系	$b^2=a^2-c^2$	

题组练习：

判断下列方程是否为椭圆方程？若是，请求出 a，b，c 值并指出焦点所在的坐标轴。

（1）$\dfrac{x^2}{4}+\dfrac{y^2}{4}=1$；

（2）$\dfrac{x^2}{5}-\dfrac{y^2}{4}=1$；

（3）$4x^2+9y^2=1$；

（4）$\sqrt{(x-1)^2+y^2}+\sqrt{(x+1)^2+y^2}=6$。

（三）应用巩固

例 1 求适合下列条件的椭圆的标准方程：

（1）两个焦点分别是（-4，0）、（4，0），椭圆上一点 P 到两焦点的距离之和等于 10；

（2）$a=10$，$b=6$；

（3）过点 $A(1，2)$，$B(3，-1)$。

解：（1）因为椭圆的焦点在 x 轴上，所以设它的标准方程为：

$\dfrac{x^2}{a^2}+\dfrac{y^2}{b^2}=1$ （$a>b>0$），

$\because 2a=10$，$2c=8$，$\therefore a=5$，$c=4$，

$\therefore b^2=a^2-c^2=5^2-4^2=9$，

所以所求的标准方程为：$\dfrac{x^2}{25}+\dfrac{y^2}{9}=1$。

（2）分类讨论的思想：

$\dfrac{x^2}{100}+\dfrac{y^2}{36}=1$ 或 $\dfrac{y^2}{100}+\dfrac{x^2}{36}=1$。

（3）待定系数法：

设 $mx^2+ny^2=1$ （$m>0$，$n>0$，$m\neq n$），

由 $m+4n=1$①

$9m+n=1$②

联立①②解之：$\dfrac{x^2}{\frac{35}{3}}+\dfrac{y^2}{\frac{35}{8}}=1$。

$m=\dfrac{3}{35}$，$n=\dfrac{8}{35}$。

所求椭圆标准方程是 $\dfrac{x^2}{\frac{35}{3}}+\dfrac{y^2}{\frac{35}{8}}=1$。

设计意图：通过练习巩固本节所学知识，通过学生解决问题，发展学生的数学运算、逻辑推理、直观想象数学建模的学科核心素养。

（四）课堂小结

1. 课堂小结

（1）椭圆的定义（两个要素），标准方程；

（2）解析几何中的数学思想方法。

2. 作业布置

（1）教材习题2.1A组第1、2、3题；

（2）课后探究：在推导椭圆方程过程中得到的方程 $a^2 - cx = a\sqrt{(x-c)^2 + y^2}$

变形为 $\dfrac{\sqrt{(x-c)^2 + y^2}}{\dfrac{a^2}{c} - x} = \dfrac{c}{a}$，观察式子的几何意义，提出合理猜想。

设计意图：通过总结，让学生进一步巩固本节课所学内容，促进学生构建自己的知识体系。

（本案例选自 2022 年四川省网络教研活动示范课）

留一方时空，换无限精彩

——一堂课引发的思考

四川省绵阳南山中学数学组　任芳

2022 年 11 月 16 日上午第四、五两节课是数学课，我提前到班准备好了上课要用的课件、教材、资料……打算大干一场，今天连堂，准备的内容比较丰富：

① 对数函数单调性的应用（比较大小，解对数不等式）；

② 反函数的概念及简单性质；

③ 与对数函数关联的复合函数的相关问题（单调性、奇偶性、最值等问题）。

按照满满当当的安排，我紧锣密鼓地开展起来。前 5 分钟围绕指数函数、对数函数的图象及性质进行回顾，既类比也对比，然后 5~10 分钟就图象与底数的关系进行运用，比较大小，解对数不等式。当讲到比较大小时，分类展开：底数相同（真数不同）型；真数相同（底数不同）型；真数、底数均不相同型。这是针对两个量的大小比较。对于三个量的比较，转化为两个量先比较，再作结论。三个量比较时：

① 可考虑选择适当的中间量（常见的：0，1，–1，…）；

② 也可以从形式上转化为同底或者同真数的情况；

③ 还可以从图象的角度去思考比较大小。

我这时觉得可以给学生提高难度了（有了训练，有了提升，有了抽象概括），我就让学生完成教材上习题中拓广探索的第 13 题比较大小：

（1）$\log_{0.2}6$，$\log_{0.3}6$，$\log_{0.4}6$；

（2）$\log_2 3$，$\log_3 4$，$\log_4 5$。

对于第（1）小题，学生很快发现真数相同，可以结合对数函数图象"底大图低"的特征加以判断，很容易完成。

动笔第（2）小题之前，学生发现底数与真数均不相同。于是这个时候学生就没那么容易解决了。这时我想给他们 3 分钟吧（心理预期）。结果 3 分钟过去了，没人抬头，我好想给他们提示，但是我忍住了，再给 2 分钟吧！于是 2 分钟后，这时已经有个别同学抬头了。我发现有两种不同的方法，可以让大家相互交流了。

第 1 位：翟浩宇

将 $\log_4 5$ 化为 $\log_2\sqrt{5}$，然后与 $\log_2 3$ 比较，很容易得出 $\log_2 3 > \log_2\sqrt{5} = \log_4 5$。接下来在比较 $\log_3 4$ 与 $\log_4 5$ 的大小时遇到了困难！

第 2 位：张飏扬（图象法）

图略。

粗略一看，好像 $\log_2 3 > \log_3 4 > \log_4 5$ 很明显，但这时有同学（谢进卓等）提出了不同的意见："不能直接得出大小关系吧?!""图象随手做，不一定准确哦!"这时老师和其他同学都陷入了沉思。我们再调整一下图形。

是啊，好像不一定呢！

接下来，我运用希沃白板上的作图工具（可在同一坐标系内直接输入函数，然后图象就比较准确地展现出来）。如图 8 – 1 所示，在同一坐标系下作出了三个函数 $y = \log_2 x$，$y = \log_3 x$ 及 $y = \log_4 x$ 的图象，这下学生非常清楚地看到了 $\log_2 3$，$\log_3 4$，$\log_4 5$ 三者的大小关系，从图象上确实能够直接判断。

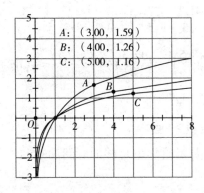

A: (3.00, 1.59)
B: (4.00, 1.26)
C: (5.00, 1.16)

图 8 - 1

但是同学们都说，我们随手作图不能保证如此准确，那怎么办呢？这时我猛然意识到，需要把时间和空间都还给学生，于是又给他们时间继续思考。大概 3 分钟左右，有两个同学发现了解决问题的思路。

第 3 位：周思辰（思维活跃，欠稳重）

给机会让他上台展示研究成果，下面是他的解答过程：

$$\log_2 3 - \log_3 4 = \log_2 3 - \frac{2}{\log_2 3} = \frac{(\log_2 3)^2 - 2}{\log_2 3},$$

于是只需比较 $\log_2 3$ 与 $\sqrt{2}$ 的大小。

$$\sqrt{2} = \log_2 2^{\sqrt{2}} < \log_2 2^{\frac{3}{2}} = \log_2 \sqrt{8} < \log_2 3 \text{。}$$

这是用到了放缩的处理，$\sqrt{2} < 1.5 = \frac{3}{2}$。

寻找了一个恰当的中间量，1.5 即 $\frac{3}{2}$。（这个是比较大小中一个比较困难的地方，需要结合实际数据进行分析）

他接下来表示，好像对于 $\log_3 4$ 与 $\log_4 5$ 的比较用这个方法行不通。我想这个探索过程也许不能完全照搬，然后鼓励他继续探究。课后他给了我反馈，如下：

$$\log_3 4 - \log_4 5 = \log_3 4 - \frac{1}{\log_5 4} = 2\log_3 2 - \frac{1}{2\log_5 2} = \frac{4\log_3 2 \cdot \log_5 2 - 1}{2\log_5 2} \text{。}$$

接下来比较 $4\log_3 2 \cdot \log_5 2$ 与 1 的大小。

$$4\log_3 2 \cdot \log_5 2 - 1 = \frac{4\lg 2}{\lg 3} \cdot \frac{\lg 2}{\lg 5} - 1 = \frac{4(\lg 2)^2}{\lg 3 \cdot \lg 5} - 1 = \frac{4(\lg 2)^2 - \lg 3 \cdot \lg 5}{\lg 3 \cdot \lg 5}。$$

而 $\lg 3 \cdot \lg 5 < \left(\dfrac{\lg 3 + \lg 5}{2}\right)^2 = \left(\dfrac{\lg 15}{2}\right)^2 < \dfrac{(\lg 16)^2}{4} = 4(\lg 2)^2$，

所以 $4(\lg 2)^2 - \lg 3 \cdot \lg 5 > 0$。

反推回去便可得 $\log_3 4 > \log_4 5$。

于是深深感叹，只要留给学生足够的时间和空间，他们一定会回报你别样的精彩。

让我们一起来看看第 4 位同学（胡智博）的解答过程吧！

结合对数函数的图象。

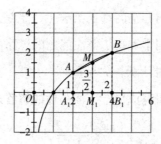

图 8 - 2

先比较 $\log_2 3$ 与 $\log_3 4$。他为了方便比较，令 $\log_2 3 = \log_3 x$，只需比较 x 与 4 的大小即可。

而 $x = 3^{\log_2 3}$，然后对 $\log_2 3$ 进行计算，他发现 3 是 2，4 的中点。

因为 $\log_2 2 = 1$，$\log_2 4 = 2$，

如图所示 $MM_1 = \dfrac{3}{2}$。

而由对数函数图象的变化趋势可知，$\log_2 3 > \dfrac{3}{2}$，

所以 $3^{\log_2 3} > 3^{\frac{3}{2}} = \sqrt{27} > 4$，

因此 $\log_2 3 = \log_3 x > \log_3 4$。

然后老师追问 $\log_3 4$ 与 $\log_4 5$ 的大小可否同理比较呢？大家觉得应该可以吧！

此时时间已经过去 30 分钟左右了，很想就此打住，让学生课后自己摸索，但是转瞬我又想给足时间让学生继续探讨。于是我便让袁启铭同学上黑板去做（这位同学基础薄弱，主要想看看她是否真正明白）。

一开始还是比较顺利。

令 $\log_3 4 = \log_4 x$，则 $x = 4^{\log_3 4}$。由 $y = \log_3 x$ 的图象可知，$\log_3 3 = 1$，$\log_3 9 = 2$，那么 $\log_3 4 = ?$

近似估算出问题了，4 不再是 3，9 的中点，袁同学卡在那儿了。我下去查看其他同学的完成情况，然后胡智博（原创者）给予提示启发，最后袁同学发现 $x = 4$ 时对应线段 AB 上的点 C 可按照成比例求出。$CC_1 = \dfrac{7}{6}$，所以由图象的变化趋势可得 $\log_3 4 > \dfrac{7}{6}$。

故 $x = 4^{\log_3 4} > 4^{\frac{7}{6}} = 2^{\frac{7}{3}} = \sqrt[3]{128} > \sqrt[3]{125} = 5$，即 $x > 5$，

所以 $\log_3 4 = \log_4 x > \log_4 5$。

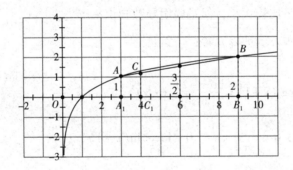

图 8-3

到此，用对数函数图象的凹凸性解决了大小比较的问题。

我仔细观察了一下大家的表情，感觉非常激动，是袁同学带给他们的激励，说明这些问题是可以努力去解决的。到这儿已经下课了（感觉意犹未尽），我发现有个同学非常开心激动地举起了他的小手手（太高兴了）！

第二节课开始，我把袁同学的解答过程给同学们梳理了一下，然后再问还有没有另外的解法？这时刚才那位同学（付远东）又激动地举起了他的小

手。此时我看到了他由内而外散发出来的智慧之光、欣喜之光，这时就感觉今天的探究达到了高潮。

付同学的解法如下：

$$\log_2 3 = 1 + \log_2 \frac{3}{2}, \ \log_3 4 = 1 + \log_3 \frac{4}{3}, \ \log_4 5 = 1 + \log_4 \frac{5}{4}。$$

将三者均拆出"1"来，然后只需比较 $\log_2 \frac{3}{2}$，$\log_3 \frac{4}{3}$，$\log_4 \frac{5}{4}$ 的大小。

这时他发现 $\frac{3}{2} > \frac{4}{3} > \frac{5}{4}$。

于是 $\log_2 \frac{3}{2} > \log_2 \frac{4}{3} > \log_3 \frac{4}{3} > \log_3 \frac{5}{4} > \log_4 \frac{5}{4}$。

（利用对数函数图象"底大图低"的性质）

探究到这种程度，同学们再次感受到了思维带来的力量。观察式子的结构特征，拆出"1"来，使式子简化，大小关系容易比较。这也为以后学习导数埋下了伏笔，接着我又告诉大家还可以通过构造函数 $y = \log_x (x + 1)$，结合函数的单调性来比较大小，但是要用导数知识来解决。

以下将这种方法加以完善：

设 $f(x) = \log_x (x + 1) = \dfrac{\ln(x + 1)}{\ln x}$ $(x > 1)$，$f'(x) = \dfrac{\dfrac{1}{x + 1}\ln x - \ln(x + 1) \cdot \dfrac{1}{x}}{\ln^2 x}$。

因为 $x > 1$，$0 < \dfrac{1}{x + 1} < \dfrac{1}{x}$，$0 < \ln x < \ln(x + 1)$，

所以 $\dfrac{1}{1 + x}\ln x < \ln(x + 1) \cdot \dfrac{1}{x}$，所以 $\dfrac{1}{1 + x}\ln x - \ln(x + 1) \cdot \dfrac{1}{x} < 0$，

即 $f'(x) < 0$，所以 $f(x)$ 在 $(0, +\infty)$ 单调递减，

所以 $f(2) > f(3) > f(4)$，即 $\log_2 3 > \log_3 4 > \log_4 5$。

这种解法没有统一讲解，但我要求两位奥赛学生继续探究。

纵观整个探索过程，我在课堂上给他们留够了探究时间，前后持续大概 50 分钟，不断收获精彩。期待后续教学中更多的精彩呈现。

小时空，小精彩；大时空，大精彩；无限时空，无限精彩！

基于大单元背景下函数单调性
教学的一点思考

——"函数单调性"课例反思

四川绵阳南山中学数学组　雍华

一、选题价值

本节课"函数单调性"是 2022 年国培计划四川省绵阳南山中学高 2022 级数学组推出的一堂示范课，教学设计见本书第六章"函数单调性"教学设计。本节课选自人民教育出版社 A 版（2019 年版）的必修一第三章第二节函数的基本性质第一课时，函数是贯穿高中数学的一条主线，是解决数学问题的基本工具之一，研究函数的基本路径是函数概念—函数表示—函数图象—函数性质—函数应用，教学中应渗透用函数眼光发现问题、用函数语言描述问题、用函数思维解决问题的思路。

本节课作为研究函数性质的起始课，占据很重要的地位和作用，主要体现在如下三方面：一是为后续研究函数的其他性质和基本初等函数问题提供研究思路；二是教师在教学中思考和尝试如何紧扣函数的本质、恰当创设情境，逐步渗透直观想象、数学抽象、逻辑推理等核心素养，将理论与实际相结合；三是教学中要适当呈现体现一般观念下研究一类数学对象的"五部曲"：概念—表示—运算—性质—应用，让学生感知数学概念的逻辑体系。

二、课例评价

笔者认为这是一堂很"实"的课,具体如下:

(一)扎实的课

所谓扎实的课,即有意义的课,可以借鉴。

如,本节课从单元主题教学的角度,从具体函数—抽象定义—单调性判定,将教学环节设计为情境引入、分析建构、抽象概括、应用理解、反思小结五个环节。

在情境引入环节,从形到数、从熟悉的函数到陌生的函数,指引学生思考"如何研究一类数学对象"作为函数性质单元的起始课,在此环节提出本单元统摄性问题:什么是函数性质?函数性质有哪些?如何研究函数性质?从而引导学生从更一般的角度思考函数性质的研究内容和方法。

在分析建构环节,通过问题链的形式,让学生体验从图象特征(定性)—数量刻画—符号语言(定量),即:从形到数、由定性描述到定量刻画这一研究函数单调性的过程。

在抽象概括环节,引导学生思考能否将研究具体函数单调性的方法推广到一般函数?抽象出函数单调性的定义,让学生体会"从特殊到一般"以及"类比"的数学思想方法。

在应用理解环节,通过两个思考引导学生理解单调性定义中的"任意性"与"局部性",区分单调递增(减)与增(减)函数的区别。同时给学生演示用定义证明单调性的方法时,总结了证明"四步曲",再次加深对概念的理解。

在反思小结环节,通过两个贴近大单元主题的问题:

问5.1:判断函数单调性有什么方法?

问5.2:本节课研究函数单调性的过程是什么?

引导学生梳理本节课研究函数单调性的方法、归纳研究一类函数性质的思维过程。

即：具体函数—图象特征—数量刻画—符号语言—抽象定义—单调性判定。

（二）丰实的课

所谓丰实即生存性课堂，教师与学生智慧的碰撞。本节课函数单调性概念的获得，很好地经历了史宁中教授提出的"三个阶段"的抽象：一是"简约阶段"，观察图象直观感受，通过"上升""下降"描述图象的变化规律，抽象出函数的本质特征；二是"符号阶段"，使用数学符号语言定义函数单调性，构造函数概念关系特征；三是"普适阶段"，完善函数单调性的知识体系，运用单调性定义解决问题，通过例题设置提升问题解决水平和思维抽象素养，让学生在课堂中真正能收获"带得走的东西"。

因为这样的课不完全是预设的结果，在课堂上有师生之间真实的情感、智慧、思维、能力的投入，在整个过程中有资源的生成，又有过程的生成。

（三）真实的课

所谓真实即本节课还有很多地方有待完善，值得我们反复学习，深入研究。

三、教学反思

目前很多省市都在尝试深入研究大单元教学，不难发现，大单元教学在落实课标、建构数学知识体系、帮助学生用联系的观点思考问题等方面有强大作用。本节课是采用单元教学设计的雏形，还有很多值得推敲、研究的地方。在落实大单元教学的时候，一方面，教师要理清知识的"前世今生"，理清方法的本质、明晰方法间的"唇齿相依"，形成知识体系、方法序列、感悟思维体系的完备性。另一方面，我们是否可以以章头课、起始课、章末课为契机，大胆尝试大单元教学。在尝试的过程中，我们又需要思考：如何恰当处理已有认知、正在研究的内容和未来将要研究的内容之间的关系，如何把握三者间外延的广度和深度。

（本案例选自 2022 年国培计划"四川云教"系列活动评课反思）

浅析高中数学运算素养培养策略

四川省绵阳南山中学数学组　张婷婷

《普通高中数学课程标准（2017 年版）》（以下简称《2017 课程标准》）将数学抽象、逻辑推理、数学建模、直观想象、数学运算、数据分析列为六大核心素养，通过发展学生的数学学科核心素养，体现数学的三大基本特征，即一般性、严谨性、应用的广泛性，发挥数学学科的内在育人力量，实现立德树人的育人目标。在高中学习过程中数学运算无处不在，是得到数学结果的重要方式，同时数学运算属于逻辑推理，体现数学严谨性的特点，在形成和发展数学运算核心素养的过程，可以提高学生逻辑思维的严谨性，养成程序化思考问题的习惯。

一、学生存在的运算问题

在教学实践中，笔者通过数学测试、平时作业、口头交流等方式发现学生对于数学运算，主要有以下问题：

第一，对数学运算缺乏客观认识，在心态上不重视数学运算。有的学生认为，运算就是简单数字的计算，知道解题思路即可，无需花费时间进行计算，这类学生在数学考试中往往会出现"会而不对"的困扰。

第二，学习态度认真，重视数学运算的学生却经常犯看错、想错、誊抄错等低级错误，运算准确度不高。从心理学角度来看，这类学生需要在注意力高度集中的状态下，调动元认知监控能力和调节能力进行运算训练。

第三，缺乏反思总结的习惯，对于运算问题没有形成经验或规律。这类问题主要体现在三个方面：一是运算对象的确定上，凡涉及运算的题目，都需要确定运算对象，即我们要计算什么，某些题目需要在逐步明确运算对象，理解运算对象的过程中，形成适合此题的解题思路，学生若无法明确运算对象，便很难解决题目。二是运算方法的选择上，同一个运算对象，经常出现多种算法，不同的算法带给我们的运算难度、准确度也往往不同，一般运算方法越复杂，用时越长，运算准确度越低；相反，如果运算方法越简单，最终准确度也相对越高。在数学考试中需要学生在有限的时间内选择相对简单的运算方法，尽可能快速得到正确答案。三是在运算程序的设计上，对于同一类对象的运算方法需要学生体会到程序思想，即它们的运算步骤是固定的，且运算结果是有规律可循的。

二、数学运算素养培养策略

结合学生在数学运算方面存在的问题特点，青春期的中学生心理特点，基于认知与元认知理论，G·波利亚的解题策略及笔者自己的教学实践，总结出培养高中生数学运算素养的五个措施。

（一）重视运算训练，运算训练常态化

在教学中，让学生认识到高中的运算还涉及大量含字母式子的组合变形和分解变形，尤其是复杂的字母运算，对学生的抽象思维和逻辑思维均有较高要求，需要规范的运算训练才能得出准确的结果。这里的运算训练不是指为了提高运算能力专门进行的训练，而是将运算训练融入到数学学习的方方面面，即在学习过程中，任何需要运算的时候都可以看成运算训练，任何需要运算的时候都要百分之百投入算出正确结果，让运算训练常态化，在长期的训练过程中达到提升运算能力的效果。

（二）夯实基础理论知识

这里的基础理论知识主要是指：数学基本概念、公式、性质定理与法则。

在教学中按照《2017课程标准》的要求，对相应知识板块达到了解、理解、掌握或灵活运用的层级要求，尤其是需要达到理解、掌握等较高层级要求的知识内容，要让学生明白该知识点的来龙去脉、知识间的逻辑联系，能够形成完整的知识体系、扎实的基础知识是进行有效运算的前提。

（三）反思归因，及时补救

在实际教学中，很多易犯看错、想错、誊抄错等低级错误的学生并不重视纠错，就算形式上进行了看似认真的纠错，但仍会在同类型问题上反复犯错，收效甚微。出现这一普遍现象的原因，一方面是学生对错误的归因不够准确，另一方面是归因后没有及时采取有效的补救措施。

这里列举两个"想错"类低级错误的例子：

① 将 $\log_3 1$ 的值写成 1，将 $\sin 30°$ 的值写成 $\dfrac{\sqrt{3}}{2}$ 导致出错；

② 在解方程 $(e-2)(e-3)=0\,(e>0)$ 时，学生马上写下的答案是 $e=\sqrt{2}$，$\sqrt{3}$ 导致出错。

以上两个例子，很多学生会把错误原因用同一个词"马虎"来描述。这些问题在学生知道自己做错后再回想，会发现这里面的知识点自己都知道，只是在那一瞬间想错而已，不用太在意，下一次只需要再仔细一点就能避免这样的低级错误。但事实并非如此，最终的结果是学生在整个数学学习过程中，仍然会犯这样的错误。诸如"马虎""粗心"这样的归因，对避免这样的错误毫无帮助，甚至会误导自己。

要改变这样的局面，首先要学会给错误准确归因。

错误①中，反映的是学生对基本知识点掌握得不够熟练。尤其是在考试的紧张状态中，对这些简单知识点，学生要达到的要求是熟练而非知道。

错误②中，有的学生对自己出现这样的错误都感到不可思议，出现这样的问题，一方面学生要反思近期的学习状态是否浮躁，要提高运算的准确度，需要学生静下心来，高度专注地完成运算过程。如果学习状态浮躁，总是被其他思绪打扰，注意力很难集中，便容易出现此类低级错误。另一方面，这种错误也反映出学生思维的准确度低，即那一瞬间，学生将这个方程想成了另一个方程 $(e^2-2)(e^2-3)=0(e>0)$，大脑吸收到的信息与客观事实出现偏差。张雅明（2012）在《元认知发展与教学：学习中的自我监控与调节》一书中认为，这一类学生的主要原因在于元认知水平较低，他们在犯这些低级错误时，往往是无意识的，对自己的错误不能及时察觉。

"元认知"与"认知"是两个不同的概念。认知包含对世界的知识，以及运用这种知识去解决问题的策略；元认知涉及对个人的知识和策略的监测、控制和理解，如学生在学习过程中的感知、注意、记忆、思考等活动均属于认知活动，而元认知过程实际上是指导、调节我们的认知过程，选择有效认知策略的控制执行过程，其实质是人对认知活动的自我意识和自我控制。从元认知的角度来考虑，学习过程不仅仅是对所学材料的识别、加工和理解的认知过程，同时也是一个对该过程进行积极监控、调节的元认知过程。犯这类错误的同学，主要是元认知监控和调节能力较欠缺。

其次，学生对错误进行归因后，采取有效的补救措施同样重要。比如刚刚列举的错误①，学生需强化记忆，最终达到熟练的要求。对于错误②，学生在解题时，学会分一部分注意力出来，检查自己是否想对。对避免看错、誊抄错等低级错误，这个方法同样有效。从心理学角度来看，对解题过程中涉及的认知和元认知活动，学生需要通过专门的训练，提高自己及时评价和反馈有关信息的能力。

（四）突破心理障碍，重视解题策略

运算过程除了需要相应的知识和能力外，还需要客观理性的心态和科学有效的解题策略。我们在解决一道相对较难的数学题时，可能会经历复杂的心理过程，比如因计算过程烦琐，担心计算结果出错而产生沮丧、失望甚至愤怒的情绪，也可能因无法明确运算对象，找不到解题思路而感到迷茫和难过，教师要教会学生正视消极情绪，出现这些情绪是正常的，让学生意识到调节这些负面情绪与解数学题同样重要。

好心态只是克服心理障碍的前提，要从根本上解决问题，关键是掌握科学有效的解题策略，即怎样想到解题思路的策略。对于某些题目，运算对象的明确过程，也是解题思路形成的过程。G·波利亚在《怎样解题》中重点阐述了怎样才能想到题目的解答思路，他将解题分为理解题目、拟订方案、执行方案、回顾四个步骤，每个步骤都列举了有效的启发式问题。基于 G·波利亚的怎样解题策略及笔者自己的教学经验，大多数题目可以运用两个启发式问题找到题目的突破口，一是从条件出发能得到什么？二是从问题出发需要什么？若两个问题同时运用，就是"两头夹逼法"，找到突破口后再继续探索解题思路，则需要用到更多的启发式问题，下面举例说明。

例 1 如图 8 - 4，某农场有一块空地是等腰直角三角形 ABC，其中斜边 BC 的长度为 400 米，为迎接"五一"观光游，欲在边界 BC 上选择一点 P，修建观赏小径 PM，PN，其中 M，N 分别在边界 AB，AC 上，小径 PM，PN 与边界 BC 的夹角都是 60°，区域 PMB 和区域 PNC 内种植郁金香，区域 $AMPN$ 内种植月季花。

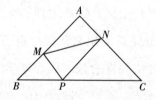

图 8 - 4

（1）判断观赏小径 PM 与 PN 的长度之和是否为定值？若是，请求出定值；若不是，请说明理由；

（2）为深度体验观赏，准备在月季花区域内修建小径 MN，当点 P 在何处时，三条小径 PM，PN，MN 的长度之和最小？

教师通过以下问题启发学生明确运算对象，找到解题思路。

问题 1 从问题（1）出发，要判断 $|PM| + |PN|$ 是否为定值，需要什么？

设计意图：引导学生结合题意，需要表示出 $|PM|$，$|PN|$，或找到关于 $|PM|$，$|PN|$ 的相等关系。

问题 2 梳理条件，明确已知量有哪些，相关的未知量有哪些，请标注在图中。

设计意图：引导学生明确已知量、未知量，利用图象的形象直观，寻找关联。

问题 3 观察图中标注的已知量和未知量，用它们能表示什么呢？被表示的对象之间有关联吗？

设计意图：引导学生思考，能用已知量、未知量表示的对象不唯一，但要选择有关联的对象。

因为 $|PB|+|PC|$ 为定值，故明确运算对象为 $|PB|$，$|PC|$，由正弦定理易得：

$|PB|=\dfrac{\sin75°}{\sin45°}\cdot|PM|$，$|PC|=\dfrac{\sin75°}{\sin45°}\cdot|PN|$，最终得出 $|PM|+|PN|=400(\sqrt{3}-1)$。

问题 4 结合第（1）问答案，思考在第（2）问中欲求 $|PM|+|PN|+|MN|$ 的长度之和最小时的点 P，即求什么？

设计意图：引导学生使用分析法，得出即求 $|MN|$ 长度最小时点 P 的位置。

问题 5 明确已知量和未知量，如何表示 $|MN|$？为什么这样表示？

设计意图：引导学生用有关联的对象表示 $|MN|$，由第（1）问知 $|PM|+|PN|$ 为定值，故用 $|PM|$，$|PN|$ 表示 $|MN|$，为表达简洁方便，引入符号 a，b 分别表示 $|PM|$，$|PN|$，则 $a+b=400(\sqrt{3}-1)$，在 ΔPMN 中由余弦定理得 $|MN|^2=a^2+b^2-ab=(a+b)^2-3ab$。

问题 6 如何求 $|MN|$ 的最小值呢？

设计意图：引导学生结合已知和表达形式，用基本不等式求得最值，即由 $ab\leqslant\left(\dfrac{a+b}{2}\right)^2$ 得 $|MN|^2\geqslant\dfrac{(a+b)^2}{4}$，即 $|MN|\geqslant\dfrac{a+b}{2}=200(\sqrt{3}-1)$，当且仅当 "$a=b$" 时，取到等号，故当点 P 为 BC 中点时，PM，PN，MN 长度之和最小为 $600(\sqrt{3}-1)$ 米。

这些启发式问题除了用到"两头夹逼法"的解题策略外，还有明确已知量、未知量，以及分析法、图象化、符号化等解题策略，在系统训练后，学生运用这些策略更易找到解题方向，突破寻找运算对象的难点。而解题策略涵盖的方法和应用的方向还有很多，这里不再展开说明。

（五）重视归纳总结

归纳总结是寻找规律，实现从量的积累到质的飞跃的重要方式。而要提升数学运算能力，需要注意在两个方面的归纳总结。

一是运算方法的归纳总结。为了提高运算准确度，对同一个运算对象，我们需要总结运算方法并学会选择，如解方程 $\ln x^2 + x - 1 = 0$ 时，一般采用估算的方法，先代入 0，± 1，± 2 这样的数值，看是否满足方程，再根据单调性证明根的个数。

通过长期的研究，还有一些关于运算方法选择的小技巧可以帮助运算能力较弱的同学简化运算，设计合理的运算程序，提高准确度。如能用乘法就不用除法，能用加法就不用减法，能用正数运算就不用负数，能用整数（整式）就不用分数（分式），能用有理数就不用无理数，能用一位数就不用两位数，以此类推。有公因数的，最好先提出来再进行运算；能化简的最好先化简再代值计算；高次低次化等。下面以例 2、例 3 进行说明。

例 2　已知 $4c^2 = 8a^2 + (2\sqrt{2}a + 2a)^2 - 2 \times 2\sqrt{2}a(2\sqrt{2}a + 2a) \cdot \dfrac{\sqrt{2}}{2}$，$a > 0$，

$c > 0$，求 $\dfrac{c}{a}$ 的值。

解析：

第一步：每一项约去一个 4，最后一项 $\sqrt{2} \times \dfrac{\sqrt{2}}{2} = 1$，此时化简得

$c^2 = 2a^2 + (\sqrt{2}a + a)^2 - a(2\sqrt{2}a + 2a)$，$a > 0$，$c > 0$；

第二步：直接展开化简即可。最终得 $\dfrac{c}{a} = \sqrt{3}$。

例 3　已知 $\dfrac{\sqrt{3}(4 - \lambda)}{\sqrt{3(4 - \lambda)^2 + 4\lambda^2}} = \dfrac{\sqrt{3}}{2}$，$\lambda > 0$，求 λ。

解析：

第一步：两边分子同时约去 $\sqrt{3}$；

第二步：两边同时平方，此时得到 $\dfrac{(4-\lambda)^2}{3(4-\lambda)^2+4\lambda^2}=\dfrac{1}{4}$；

第三步：交叉相乘，分式化整式，得到 $4(4-\lambda)^2=3(4-\lambda)^2+4\lambda^2$；

第四步：整式运算，得到 $(4-\lambda)^2=4\lambda^2$；

第五步：二次方程化一次方程：$4-\lambda=\pm2\lambda$，根据范围得到 $\lambda=\dfrac{4}{3}$。

二是运算程序的归纳总结。在平时的学习过程中，注意归纳总结题型及方法。常规题型还可以设计运算程序，比如通过适当的尝试和练习，我们可以设计一个求椭圆弦长相对准确度较高的运算程序。

例4 已知椭圆 C：$\dfrac{x^2}{a^2}+\dfrac{y^2}{b^2}=1$ $(a>b>0)$，直线 l：$y=kx+m$。直线 l 与椭圆 C 交于不同的两点 A、B，求 $|AB|$。

运算步骤：

第一步：将椭圆方程化为整式，并与直线方程联立得关键方程。

即 $\begin{cases}b^2x^2+a^2y^2=a^2b^2,\\ y=kx+m\end{cases}\Rightarrow (b^2+a^2k^2)x^2+2a^2kmx+a^2(m^2-b^2)=0$。

第二步：设 $A(x_1,y_1)$，$B(x_2,y_2)$ 得韦达定理，即

$x_1+x_2=-\dfrac{2a^2km}{b^2+a^2k^2}$，$x_1x_2=\dfrac{a^2(m^2-b^2)}{b^2+a^2k^2}$。

第三步：计算 Δ，将最终结果提取公因式或公因数，即

$\Delta=4a^2b^2(a^2k^2+b^2-m^2)$。

第四步：利用公式 $|AB|=\sqrt{1+k^2}\,\dfrac{\sqrt{\Delta}}{b^2+a^2k^2}$ 计算弦长。

对于弦长的计算，学生不用刻意记背公式 $|AB|=\sqrt{1+k^2}\,\dfrac{\sqrt{\Delta}}{b^2+a^2k^2}$，通过适当练习，自然发现并总结运算结果的规律，再用规律检验运算是否准确。

在教学中，让学生认识到高中对数学运算的能力要求，在心态上重视数

学运算；夯实基础，重视反思归因，在长期的运算训练中提高学生的元认知能力，避免低级错误；注意引导学生积累解题策略，归纳总结，进一步发展学生的运算素养。

参考文献

［1］张雅明．元认知发展与教学：学习中的自我监控与调节［M］．合肥：安徽教育出版社，2012.

［2］Sternberg R J. Encyclopedia of Human Intelligence. Vol. 2［M］. Macmillan Publishing House，1994.

［3］汪玲，郭德俊．元认知的本质与要素［J］．心理学报，2000，32（4）：458－463.

［4］董奇．论元认知［J］．北京师范大学学报，1989（1）：68－74.

［5］G·波利亚．怎样解题［M］．涂泓，冯承天，译．上海：上海科技教育出版社，2018.

扎根四基四能　助推素养提升

四川省绵阳南山中学数学组　雍华

一、原创呈现

筒车是我国古代发明的一种水利灌溉工具，因其经济又环保，至今还在农业生产中使用（图 8 - 5）。假定在水流量稳定的情况下，筒车上的每一个盛水筒都做匀速圆周运动。记盛水筒距离水面的相对高度 H（单位：m）与时间 t（单位：s）的函数关系为 $H = r\sin(\omega t + \varphi) + h$（其中 $\omega > 0$，$0 < \varphi < \dfrac{\pi}{2}$，$h > 0$）。设 $h = 0$，$r = 1$ 时，$H = f(t)$，记函数 $f(t)$ 的最小正周期为 T，若 $f(T) = \dfrac{\sqrt{3}}{2}$，且函数在区间 $\left[\dfrac{\pi}{3}, \pi\right]$ 上恰有 2 个零点和 3 个最值，则 ω 的取值范围是（　　）

图 8 - 5

A. $\left[\dfrac{8}{3}, \dfrac{11}{3}\right)$ B. $\left[3, \dfrac{9}{2}\right)$ C. $\left[\dfrac{19}{6}, \dfrac{7}{2}\right]$ D. $\left[\dfrac{19}{6}, \dfrac{11}{3}\right]$

【答案】C

【试题解析】

因为 $\omega > 0$，$0 < \varphi < \dfrac{\pi}{2}$ 且 $T = \dfrac{2\pi}{\omega}$，所以 $f\left(\dfrac{2\pi}{\omega}\right) = \sin(2\pi + \varphi) = \sin\varphi = \dfrac{\sqrt{3}}{2}$；

所以 $\varphi = \dfrac{\pi}{3}$；且 $f(t) = \sin\left(\omega t + \dfrac{\pi}{3}\right)$。

由函数 $f(t)$ 在区间 $\left[\dfrac{\pi}{3}, \pi\right]$ 上恰有 2 个零点和 3 个最值，

结合函数图象知 $T \leqslant \dfrac{2\pi}{3} < \dfrac{3T}{2}$；

所以 $3 \leqslant \omega < \dfrac{9}{2}$……………①

令 $x = \omega t + \dfrac{\pi}{3} \in \left[\dfrac{\pi\omega + \pi}{3}, \pi\omega + \dfrac{\pi}{3}\right]$，

因为函数 $f(t)$ 在区间 $\left[\dfrac{\pi}{3}, \pi\right]$ 上恰有 3 个最值，

所以函数 $y = \sin x$ 在区间 $\left[\dfrac{\pi\omega + \pi}{3}, \pi\omega + \dfrac{\pi}{3}\right]$ 上恰有 2 个零点和 3 个最值。

结合函数图象由①知

$$\begin{cases} \dfrac{4\pi}{3} \leqslant \dfrac{\pi\omega + \pi}{3} \leqslant \dfrac{3\pi}{2}, \\ \dfrac{7\pi}{2} \leqslant \pi\omega + \dfrac{\pi}{3} < 4\pi, \end{cases} \quad \text{所以} \dfrac{19}{6} \leqslant \omega \leqslant \dfrac{7}{2}……………②$$

由①②知 $\dfrac{19}{6} \leqslant \omega \leqslant \dfrac{7}{2}$，故选 C。

二、命题意图

函数 $y = A\sin(\omega x + \varphi)$ 与现实世界中的周期性现象联系紧密，该部分内容在教材中的呈现方式是弘扬数学文化（简车原理）、创设生活情境，基于单位圆中三角函数的定义，探索圆周运动和简谐运动背景下 $y = A\sin(\omega x + \varphi)$ 函数

模型。利用整体代换的思想研究函数 $y = A\sin(\omega x + \varphi)$ 的图象和性质，在解决实际问题时，教材中的例题和习题更侧重于整体代换思想的呈现；通过整体代换将对函数 $y = A\sin(\omega x + \varphi)$ 的图象与性质的研究，回归到更直观的正弦函数图象与性质的研究。根据课标要求，该知识属于近三年高考命题热点，高考的考查趋势是注重知识覆盖考查，考查数学学科核心素养和关键能力。

本题的设计立足学科本质，重视教材导向，关注命题热点，考查基础知识、关键能力和学科素养。本题设置了生活情境和学习探索情境，以函数 $y = A\sin(\omega x + \varphi)$ 为载体，以求参数 ω 为问题任务，考查函数的图象、周期性、最值和零点等基础知识；考查空间想象力、逻辑推理能力和运算求解能力；考查数形结合、整体思想、函数与方程等数学思想方法；进而考查学生的直观想象素养、逻辑推理素养和数学运算素养。

同时，为充分考查学生是否具备解决该类问题的能力，本题在选项设置上精心设计，设置了学生因逻辑推理不严谨而错选的 A、B、D 选项。即将条件转化为函数 $y = \sin x$ 所在区间 $\left[\dfrac{\pi\omega + \pi}{3}, \ \pi\omega + \dfrac{\pi}{3} \right]$ 上恰有 2 个零点和 3 个最值，结合正弦函数图象分析函数零点和最值；若未充分考虑区间左端点的位置，只考虑右端点位置会误选 A；若只考虑函数在区间上恰有 2 个零点，结合函数图象确定周期大致范围易误选 B；若区间左端点位置确定错误易误选 D。

三、试题亮点

本题的命制，扎根数学学科四基四能，以课标、教材、高考评价和核心素养为纲精心设计，期望展现试题的导向功能，助推高效教学，落实学科素养提升，试题设计有如下亮点：

（一）围绕课程标准、教材、核心素养和高考评价命制题目

课标对三角函数图象与性质的要求是了解三角函数的周期性、单调性、奇偶性和最值，借助图象理解正弦、余弦函数在 $[0, 2\pi]$ 上的性质，了解 $y = A\sin(\omega x + \varphi)$ 的实际意义；能借助于图象理解 A，ω，φ 的意义。

教材以筒车原理为生活情境,引导师生利用单位圆中三角函数的定义,探索圆周运动和简谐运动背景下函数 $y = A\sin(\omega x + \varphi) + k$ 的图象和性质。教材 5.4 例 2 及探究与发现从函数周期概念的角度对正弦型函数 $y = A\sin(\omega x + \varphi)$ 的周期作了详细阐述,教材 5.4、5.6 和 5.7 均体现从整体代换角度将研究函数 $y = A\sin(\omega x + \varphi)$ 转化为研究更直观的正弦函数问题。

表 8 - 1

年份	试卷	题号	考点	思想方法与核心素养
2020 年	全国 I 卷	7 题	考查利用正弦型函数的图象求参数 ω, φ	数形结合思想、直观想象素养
	全国 III 卷	16 题	考查双勾函数背景下正弦函数的最值、对称性	考查整体思想、数形结合思想、直观想象和逻辑推理素养
2021 年	全国甲卷	16 题	考查利用正弦型函数图象求参数 ω, φ 和解三角不等式	考查数形结合思想和整体思想、直观想象素养
	全国乙卷	7 题	考查函数图象的周期变换和平移变换	考查数形结合思想、直观想象素养
	新高考 I 卷	4 题	考查正弦型函数的单调性	考查整体思想、直观想象素养
2022 年	全国甲卷	11 题	考查利用正弦型函数的极值和函数零点个数求参数 ω	考查数形结合思想和整体思想、直观想象素养
	全国乙卷	15 题	考查利用正弦型函数的周期性和函数零点个数求参数 ω	考查数形结合思想和整体思想、直观想象素养
	新高考 I 卷	6 题	考查利用正弦型函数的周期性、对称性求参数 ω 及求值	考查数形结合思想和整体思想、直观想象素养

续 表

年份	试卷	题号	考点	思想方法与核心素养
2022 年	新高考Ⅱ卷	9 题	考查利用三角函数的对称性求参数 φ、讨论函数的单调性、极值、对称性和切点	考查数形结合思想和整体思想、直观想象素养
2023 年	全国甲卷	10 题	考查余弦型函数图象变换及函数零点	考查数形结合思想和整体思想、直观想象素养
	全国乙卷	6 题	考查利用函数的单调性和对称性求参数 ω，φ	考查数形结合思想和整体思想、直观想象素养
	高考Ⅰ卷	15 题	考查利用余弦型函数在闭区间上的零点个数求参数 ω 的取值范围	考查数形结合思想和整体思想、直观想象素养
	新高考Ⅱ卷	16 题	考查利用正弦型函数图象和零点求参数 ω，φ	考查数形结合思想和整体思想、直观想象素养

如表 8 − 1 所示，近 4 年全国卷、新高考卷均对函数 $y = A\sin(\omega x + \varphi)$ 的图象和性质进行了知识全覆盖考查。如 2023 年新高考Ⅰ、Ⅱ卷和 2022 年全国乙卷第 15 题考查函数周期性、函数零点求参数 ω；2022 年全国甲卷第 11 题考查函数的极值和函数零点求参数 ω；2022 年新高考Ⅰ卷第 6 题考查函数周期性、对称性求参数 ω；2022 年新高考Ⅱ卷第 9 题，考查函数对称性、单调性、最值和零点；2021 年全国乙卷第 7 题考查函数图象的周期变换和平移变换；2021 年全国甲卷第 16 题考查利用函数图象求参数 ω，φ 和解三角不等式；2021 年新高考Ⅰ卷第 4 题考查函数单调性；2020 年全国Ⅰ卷第 7 题考查利用函数图象求参数 ω，φ；2020 年全国Ⅲ卷第 16 题考查双勾函数背景下正弦函数的最值、对称性等。

鉴于此，本题设计为一个单项选择题，创设生活情境，弘扬数学文化，知识上融合 2022 年理科数学全国乙卷第 15 题和全国甲卷第 11 题的考点。但本题对利用数形结合思想分析零点和最值位置的知识，对学生的能力要求更高、综合性稍强，需要学生具备解决该类问题的必备知识和关键能力。

（二）构建数学课程学习情境

通过设置相互联系的数学课程学习情境，以正弦型函数 $y = A\sin(\omega x + \varphi)$ 的相关背景设计综合情境，要求学生在正确思想观念引导下，综合运用多种知识或技能解决问题，能够有效地体现对学生数学基础的检验、对学业质量水平的区分。

（三）明确学习导向

通过解题引导学生学习知识要从"知其然"到"知其所以然"再到"何以知其所以然"的跨越，把数学基本思想、基本活动经验落实在基础知识、基本技能的学习中，最终达到提升学科素养的目的。

（四）促进深度教学

基于核心素养开展深度教学并促进深度学习，提高学生数学综合能力，发展学生数学核心素养。这不仅要求教师具备一定的改编试题能力，回归学科本质，追寻知识本原，提升课堂效率；还需要教师引导学生深度思考改编原题的深度和广度，培养学生发现问题、提出问题、分析问题和解决问题的能力，实现会思考、表达、会辩、会用的目的。

如教师可在原题基础上以问题链的形式提出如下问题：

问题 1 记函数 $f(x) = \sin(\omega x + \varphi)$（其中 $\omega > 0$，$0 < \varphi < \dfrac{\pi}{2}$）的最小正周期为 T，若 $f(T) = \dfrac{\sqrt{3}}{2}$，且函数在区间 $[0, \pi]$ 上恰有 2 个零点和 3 个最值，则 ω 的取值范围是_____。

解析：显然 $f(x) = \sin\left(\omega x + \dfrac{\pi}{3}\right)$，令 $t = \omega x + \dfrac{\pi}{3} \in \left[\dfrac{\pi}{3}, \pi\omega + \dfrac{\pi}{3}\right]$，函数 $y = \sin t$ 在区间 $\left[\dfrac{\pi}{3}, \pi\omega + \dfrac{\pi}{3}\right]$ 上恰有 2 个零点和 3 个最值，所以 $\dfrac{5\pi}{2} \leq \pi\omega + \dfrac{\pi}{3} < 3\pi$，故 $\dfrac{13}{6} \leq \omega < \dfrac{8}{3}$。

问题 2 记函数 $f(x) = \sin(\omega x + \varphi)$（其中 $\omega > 0$，$0 < \varphi < \dfrac{\pi}{2}$）的最小正周

期为 T，若 $f(T) = \dfrac{\sqrt{3}}{2}$，且函数在区间 $[0, \pi]$ 上恰有 2 个零点，则 ω 的取值

范围是_____。

解析：显然 $f(x) = \sin\left(\omega x + \dfrac{\pi}{3}\right)$，令 $t = \omega x + \dfrac{\pi}{3} \in \left[\dfrac{\pi}{3}, \pi\omega + \dfrac{\pi}{3}\right]$，函数 y

$= \sin t$ 在区间 $\left[\dfrac{\pi}{3}, \pi\omega + \dfrac{\pi}{3}\right]$ 上恰有 2 个零点，所以 $2\pi \leqslant \pi\omega + \dfrac{\pi}{3} < 3\pi$，故 $\dfrac{5}{3}$

$\leqslant \omega < \dfrac{8}{3}$。

问题 3　记函数 $f(x) = \sin(\omega x + \varphi)$（其中 $\omega > 0$，$0 < \varphi < \dfrac{\pi}{2}$）的最小正

周期为 T，若 $f(T) = \dfrac{\sqrt{3}}{2}$，且函数在区间 $\left[\dfrac{\pi}{3}, \pi\right]$ 上恰有 2 个零点，则 ω 的取

值范围是_____。

解析：显然 $f(x) = \sin\left(\omega x + \dfrac{\pi}{3}\right)$。

方法一：令 $t = \omega x + \dfrac{\pi}{3} \in \left[\dfrac{\pi\omega + \pi}{3}, \pi\omega + \dfrac{\pi}{3}\right]$，函数 $y = \sin t$ 在区间

$\left[\dfrac{\pi\omega + \pi}{3}, \pi\omega + \dfrac{\pi}{3}\right]$ 上恰有 2 个零点，所以 $\begin{cases} k\pi < \dfrac{\pi\omega + \pi}{3} \leqslant k\pi + \pi, \\ 2\pi + k\pi \leqslant \pi\omega + \dfrac{\pi}{3} < 3\pi + k\pi \end{cases}$　　其中 k

$\in \mathbf{Z}$，所以 $\begin{cases} 3k - 1 < \omega \leqslant 3k + 2, \\ k + \dfrac{5}{3} \leqslant \omega < k + \dfrac{8}{3}; \end{cases}$

当 $k = 0$ 时，$\dfrac{5}{3} \leqslant \omega \leqslant 2$；当 $k = 1$ 时，$\dfrac{8}{3} \leqslant \omega < \dfrac{11}{3}$；

所以 $\dfrac{5}{3} \leqslant \omega \leqslant 2$ 或 $\dfrac{8}{3} \leqslant \omega < \dfrac{11}{3}$。

方法二：根据正弦函数的周期性，显然 $\begin{cases} 0 < \dfrac{\pi\omega + \pi}{3} \leqslant \pi, \\ 2\pi \leqslant \pi\omega + \dfrac{\pi}{3} < 3\pi, \end{cases}$　　　或

$$\begin{cases} \pi < \dfrac{\pi\omega + \pi}{3} \le 2\pi, \\ 3\pi \le \pi\omega + \dfrac{\pi}{3} < 4\pi; \end{cases}$$

所以 $\dfrac{5}{3} \le \omega \le 2$ 或 $\dfrac{8}{3} \le \omega < \dfrac{11}{3}$。

问题 4 记函数 $f(x) = \sin(\omega x + \varphi)$ （其中 $\omega > 0$，$0 < \varphi < \dfrac{\pi}{2}$）的最小正周期为 T，若 $f(T) = \dfrac{\sqrt{3}}{2}$，且函数在区间 $\left[\dfrac{\pi}{3}, \pi\right]$ 上恰有 2 个零点，则 ω 的取值可以是（　　）

A. $\dfrac{5}{3}$　　　　　B. 2　　　　　C. $\dfrac{8}{3}$　　　　　D. 4

解析：实质上本题与问题 3 是同题，只是问题更开放，答案是 ABC。

设计意图： 在原创题的基础上，以问题链的形式从横向和纵向对该类问题进行深入研究，引导学生学习要回归本质，追溯本原，形成知识体系和思维序列，培养学生提出问题、发现问题、分析和解决问题的能力。问题 1 至问题 3 对该类问题进行了横向对比研究：问题 1 讨论函数 $y = \sin t$ 在区间 $\left[\dfrac{\pi}{3}, \pi\omega + \dfrac{\pi}{3}\right]$ 上的零点与最值，因其区间左端点是确定的，因此只需讨论区间右端点的取值范围。问题 2 需讨论函数 $y = \sin t$ 在区间 $\left[\dfrac{\pi}{3}, \pi\omega + \dfrac{\pi}{3}\right]$ 上的零点位置，因其区间左端点确定的，因此只需讨论区间右端点的取值范围，问题 3 在问题 2 的基础上讨论函数 $y = \sin t$ 在区间 $\left[\dfrac{\pi\omega + \pi}{3}, \pi\omega + \dfrac{\pi}{3}\right]$ 上的零点，因其区间左端点位置不确定，故需分类讨论、总结规律进而确定区间两端点的取值范围。问题 4 在问题 3 的基础上将问题改为一个开放性问题，由纵向研究回到知识的本质，同时，对于不同认知水平的学生，解决问题 4 的方式也有所不同，认知水平高的学生可以从知识本质入手分析端点范围，用特殊值法估算参数 ω 的大致范围，从而得出正确答案，减少运算量，对于认知水平低的同学，甚至可以通过带入答案中参数 ω 的值去验证，从而得出正确答案。

四、监测反馈

上述问题链相类似的题目在我校小练习、周练、月考卷和模拟题中均有设置，监测结果统计表如表 8 – 2 所示。显然，通过多次考查，学生的正确率也逐渐提升。

8 – 2

测试	周练/小练习		期末模拟测	
层次	A0	A	A0	A
问题	75%	50%	95%	85%
变式 1	65%	50%	90%	80%
变式 2	45%	30%	75%	60%
变式 3	35%	20%	70%	50%
构建两类模型	60%	40%	85%	70%

五、教学思考

通过本次原创试题设计，笔者认为命题是一项很有意义的活动，以试题命制的深度思考助推课堂教学的变革。第一，发挥试题的导向功能。在试题命制过程中，深度思考，充分发挥作业的教学功能和过程性评价作用；渗透正确的价值观、必备品格和关键能力，全面落实立德树人根本任务。第二，探究多元设计。笔者认为试题命制过程中，从知识、技能和素养角度探求多元设计、命制形式多样的试题，让试题适应不同认知水平的学生。第三，助推有效教学、培育学科素养。笔者认为教师在试题讲评时可以试题为载体深度思考课堂教学设计，即教学目标设计如何从知识立意转变为能力和素养立意，在渗透必备知识过程中提升学生关键能力，让数学核心素养真正落地。比如，本文中上述四个问题链的设置，引导学生逐级思考、理解本质。从整体上看，每个问题都对应着不同思维层次的学生，四个问题形成了一个较完整的知识体系。通过对以上问题的分析与求解，逐渐引导学生回顾相关知识，构建知识体系，辨析问题间的区别与联系，打通知识脉络，提高学生分析和解决问题的能力。同时，通过教师引导学生对本题进行再次改编，促使学生深度思考、提出问题、发现题目改编的方向和边界，最终达到深度学习的目的，促进学生数学素养的发展。

参考文献

［1］章建跃．强化思维教学落实核心素养（一）［J］．中国数学教育（高中版下半月），2023（4）：4－10.

［2］章建跃．强化思维教学落实核心素养（二）［J］．中国数学教育（高中版下半月），2023（5）：4－10.

［3］中华人民共和国教育部．普通高中数学课程标准（2017年版）［M］．北京：人民教育出版社，2018.

（本案例获2023年绵阳市数学学科原创试题大赛一等奖）

浅谈高中数学章起始课教学

——以人教 A 版"空间向量与立体几何"为例

四川省绵阳南山中学数学组　文媛

一、对章起始课的认识

　　章建跃博士在《积极开展"统计与概率"的教学研究——"中学数学核心概念、思想方法结构体系及其教学设计的理论与实践"第九次课题会成果综述》一文曾指出：章起始课要把学生明确本章内容研究的基本套路作为重要的教学目标，作为"起始"，必须要有"交代问题背景、引入基本概念、构建研究蓝图"的大气，不对知识的具体细节作追究，重点是描述本章的内容框架及其反映的思想方法，使学生明确本章研究的"路线图"，让学生感受本章数学概念产生、发展的基本过程，体会研究数学问题的基本套路，进而提高他们发现问题、提出问题、研究问题的能力，达到使学生学会学习、学会研究的目的，也有利于数学育人。章博士对章起始课以及如何上好章起始课作了精辟的论述和详细的指导。高中数学章起始课作为学习新内容的开篇，应当引领学生从整体、联系和发展的角度去看待新章节的内容，进而使学生理解为什么学习本章（单元），让学生感知本章（单元）学什么，让学生明确怎样学习本章（单元），完善学生的知识结构，进一步发展学生的素养，故章起始课具有重要的教学价值。

二、"空间向量与立体几何"章起始课的设计与分析

1. 章节的总体设计

本章的总体设计是：在学生学习平面向量的基础上，让学生通过类比的方法理解空间向量的概念、运算、基本定理和应用。在此过程中，让学生经历平面向量推广到空间向量的过程，体会平面向量与空间向量的共性与差异，建立本章的知识结构，形成研究思路，获得研究方法，感悟向量是研究几何问题的有效工具，积累数学活动经验，培养几何直观、数学推理、数学抽象等数学素养。

2. 重视章引言的引领作用

由于新教材的编写思路由"部分—部分—整体"转变为"整体—部分—整体"，故教材每一章的章标题下方均有一段文字和一张图片，它们便是每一章的第一个"整体"部分。本章的章头图是一个做滑翔伞运动的场景，在滑翔的过程中会有转弯、俯冲等动作，运动员会受到来自不同方向、大小不同的力，这就反映了本章的知识与空间有关也与向量有关。

本章的章引言有两段话，第一段通过"平面向量及其应用的学习……"以及"在立体几何初步中……"激活学生认知结构的相关知识，建立新知与旧知之间的联系，让学生感知为什么要学习本章内容。第二段让学生了解本章学习的主要内容以及学习本章的主要方法，为学生接下来的学习指明方向和重点。

3. 空间向量与立体几何章起始课设计

环节 1 情境引入，提出问题

2023 年滑翔伞世界杯定点赛泰国站比赛中，作为国家队主力的河南选手陈洋、王建伟发挥出色，双双夺冠，向世界展示了中国航空体育的实力。（教师 PPT 展示滑翔伞空中飞行的视频）

问题 1 滑翔伞在空中飞行时有转弯、俯冲等动作，为了研究方便，不妨从这些运动中抽象出数学模型。如果滑翔伞从 O 点沿直线飞到 A 点，如何表

示滑翔伞的位移？

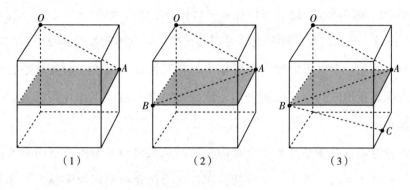

（1）   （2）   （3）

图 8 - 6

师生活动：$\overrightarrow{OA}$ ［如图（1）］

追问1：如果滑翔伞沿直线飞到 A 点后，拐弯再沿直线飞到 B 点，如何表示滑翔伞的位移？

师生活动：$\overrightarrow{OB}$ ［如图（2）］或者 $\overrightarrow{OA} + \overrightarrow{AB}$，用到向量加法的三角形法则。

追问2：如果滑翔伞沿直线飞到 B 点后，再次拐弯沿直线飞到 C 点，如何表示滑翔伞的位移？

师生活动：$\overrightarrow{OC}$ ［如图（3）］或者 $\overrightarrow{OA} + \overrightarrow{AB} + \overrightarrow{BC}$。

追问3：这里的三个向量 $\overrightarrow{OA}$，$\overrightarrow{AB}$，$\overrightarrow{BC}$ 显然不在同一平面内，空间中如何进行向量加法的运算呢？

师生活动：学生可以独立思考也可以相互讨论，这里不得出确定的答案，为后续问题的研究留下伏笔。

设计意图：结合章头图创设现实情境并从中抽象出数学情境，让学生了解空间向量知识产生的背景，明确本章的主要研究对象——空间向量。

环节2 回顾旧知，寻找联系

问题2 空间向量是一个新的概念，可以从哪些角度来研究它呢？

师生活动：定义、表示方法、运算……

追问：你是怎样想到从这些角度去研究空间向量的呢？

师生活动：联想平面向量的学习内容。

请同学们回忆平面向量的主要内容，尝试写出平面向量的整体知识框架以及平面向量的研究思路（可以提前一天让学生进行梳理）。

问题3 平面向量的哪些内容可以类比推广到空间向量的学习中？

师生活动： 学生可以独立思考也可以相互讨论，对于平面向量的有些内容是否能直接推广到空间向量学生不能确定，此时教师不作评判，为后续学习做铺垫。

设计意图： 引导学生类比平面向量的知识框架初步形成空间向量的知识框架，通过自主思考或者小组讨论，在将平面向量向空间向量推广中体会它们的共性与差异。

环节3 问题引导，引入新知

问题4 同学们能给空间向量下定义了吗？空间向量的定义是什么呢？

师生活动： 在空间中，既有大小又有方向的量叫作空间向量。

追问1： 回忆平面向量中学习的特殊向量：零向量、单位向量。你该如何理解空间向量的零向量、单位向量呢？

师生活动： 因为向量是既有大小又有方向的量，故在学习中教师要引导学生从大小、方向两个角度认识特殊向量。

追问2： 你是怎样理解平面向量中的共线（平行）向量的呢？把共线向量推广到空间，可以得到什么呢？

师生活动： 共线向量的定义仍然成立，还可以得到共面向量——空间中能够平移到同一个平面上的向量。（活动：用两支笔或者直尺表示空间中的任意两个向量，判定它们是否共面。）

追问3： 空间向量的问题可以转化为什么问题呢？

师生活动： 如果能将空间向量平移到一个平面内，那么空间向量问题可以转化为平面向量问题。

设计意图： 通过类比平面向量中的特殊向量，加深学生对空间向量的理解。类比平面向量的共线向量推广到空间得到共面向量，进而将空间中涉及一个或两个向量的问题转化为平面向量问题来解决，突出类比与转化的思想方法。

问题5 了解了空间向量的定义,类比平面向量的研究思路接下来应该研究空间向量的运算。以平面向量的线性运算为例,主要研究哪些内容?

师生活动:运算法则——加法三角形法则、平行四边形法则,减法三角形法则;运算律——加法交换律、加法结合律、数乘分配律;另外还有共线向量定理。

追问1:这些知识都可以直接推广到空间向量吗?

生:涉及一个或两个空间向量的问题都可以转化为平面向量问题,故除了加法结合律涉及三个空间向量,其他都可以直接推广到空间向量。

追问2:你能尝试证明空间向量的加法结合律吗?

师生活动:学生可以独立思考也可以相互讨论,然后请学生进行成果分享。由于三个向量不一定共面,平面向量的加法结合律是空间向量加法结合律的特殊情况,这里需要教师引导学生体会空间向量加法结合律与平面向量加法结合律证明的不同之处。

设计意图:通过类比平面向量的研究内容与研究思路让学生形成章节的知识结构,体会平面向量与空间向量的共性与差异,感悟类比与转化的数学思想方法。

环节4 总结回顾,构建体系

问题6 请同学们总结梳理一下本节课的内容,你有哪些收获?

师生活动:教师可以引导学生从"为什么学习本章""本章学什么",以及"怎样学习本章"这三个方面来回答。

设计意图:通过总结,让学生对本章的知识概念、思想方法以及知识结构体系有更明确的认识,为后续具体内容的学习做好铺垫。

三、章起始课教学建议

新课程标准指明数学课程结构设计应"依据数学学科特点,关注数学逻辑体系,内容主线、知识之间的关联,重视数学实践和数学文化"。因此教师在设计章起始课时要根据数学学科的特点，在教学过程中要让学生体会数学逻辑体系，感悟知识之间的联系，明确知识的研究路径和方法。具体来说要注意以下几个方面：

1. 发挥章起始课"先行组织者"作用

章起始课是学生学习新知的第一课，具有"先行组织者"的地位，教师在章起始课设计时要认真研读教材和课标，挖掘本章的知识内涵，掌握本章的思想方法，厘清本章的来龙去脉，明确本章的育人价值。在教学过程中应当引领学生从整体的角度、联系和发展的观念看待本章内容，系统地构建本章的知识框架，注重数学思想方法的渗透以及数学核心素养的培养。

2. 重视章引言与章头图，挖掘其内涵

人教版高中数学新教材中每一章的章引言大多从学生的生活实际、能够理解的具体例子或是已经学过的相关联的知识入手，简要叙述这一章所要学习的内容、知识的地位及其用处和蕴藏在知识间的数学思维方法，由此可知章引言是每一章的核心内容和学生知识的生长点。教师在进行章起始课设计时一定要认真解读章引言与章头图，把握本章知识的生长点，通过类比学生已学过的知识，引出接下来要学习的新知，体现数学知识间的整体性与联系性。

3. 创设情境，问题引领，提高学习兴趣

教师在章起始课设计时，要结合创设情境以及章引言、章头图，充分挖掘问题情境，通过设置问题链以及追问，让学生体会知识间的联系，帮助学生构建本章的知识框架，明确数学思想与学习方法，避免学生在学习过程中的盲目性，从而提高学生的学习兴趣，提升学生的数学素养，培养学生"会用数学眼光观察世界、会用数学思维思考世界、会用数学语言表达世界"。

参考文献

[1] 章建跃，李勇. 积极开展"统计与概率"的教学研究："中学数学核心概念、思想方法结构体系及其教学设计的理论与实践"第九次

课题会成果综述［J］. 中小学数学，2010（4）：1 - 3.

［2］中华人民共和国教育部. 普通高中数学课程标准（2017 年版 2020 年修订）［S］. 北京：人民教育出版社，2021.

［3］孙朝仁. "章引言"数学教学的哲学思考［J］. 上海教育科研，2015（9）：73 - 75.

大单元教学观下章末复习课的
设计路径及案例研究

——以人教 A 版"三角函数"章末复习课为例

四川省绵阳南山中学数学组　雍华

一、提出问题

随着新课改、新高考的深入开展，单元教学、整体教学和情境教学的思想备受关注，新课程、新教材和新课标也突出了这一理念。同时，章建跃在第十一届高中青年教师课例展示活动中提出通过强化思维教学落实核心素养，他指出教师在教学中要明确基本套路、增强数学的整体性；教学设计与实施应注重整体性、思想性、切实性及系列化数学活动等。同时，他提出一般观念导向的教学要关注"数学对象、研究内容、研究路径、研究方法、研究结果和知识应用"这六方面。如何基于教材开展探究性教学活动，引导学生深度学习？如何从素养立意的角度出发，引导学生在整体上构建体系，夯实"四基"、提升"四能"等问题备受关注。

目前对章末复习课的设计路径及课堂模式的研究甚少，其中，浦丽俐老师以"直线与方程复习课"为例，从大单元教学观的视角梳理了章末复习课的教学案例；石志群提出从"大背景下"实施章单元框架建构；华婧在反思"复数"章末复习课中提出章末复习课应注重事实、过程、方法、思想和本质的梳理；文卫星在指导学生写章末小结的方法和体会中提出教师如何指导学生自主整理及整理的必要性。基于此，本文基于新课标、新教材和数学学科核心素养，以文献中一般观念导向教学的"六个关注"为指导，从大单元教学视角构建章末复习课课堂模式，确立章末复习课的设计路径；同时，节选三角函数章末复习课教学片段，例谈如何基于课模开展章末复习课教学。

二、实施路径

笔者认为章小结的功能是"承前启后"，如图 8 – 7 所示，通过"整理章节知识、构建逻辑关系、确立研究路径、再现重点难点、逐级设计作业"这五个维度设计教学，开展章末复习探究性教学活动。进而达到完善学生的认知结构、形成知识断面，促进深层学习、养成高尚品德的目的。

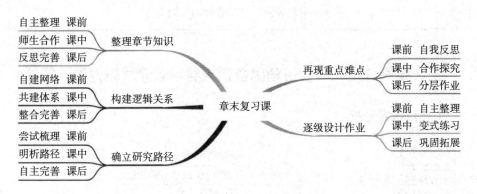

图 8 – 7

基于章末复习课的五个维度，本文从课前、课中、课后三环节中教师和学生的教学活动出发，以课标、教材为纲设置数学探究性教学活动；构建了"3 + 5 + 3"环节章末复习课的课堂模式，具体设计内容和设计意图如表 8 – 3。

表 8 – 3

环节	教师	学生	设计意图
课前	设计作业 明确方法 引导整理	阅读整理 自建网络 梳理问题	教师以自主学习任务清单的形式设计周期性课前作业，点对点指导学生构建知识网络的方法和实施路径；引导学生自主整理、自建个性化网络。目的是让学生从基础知识、基本思想方法和逻辑联系等方面初步认识本章内容，梳理认知盲区

续 表

环节	教师	学生	设计意图
课中	小组互评 再现核心 共建体系 突出联系 确立路径	重构网络 提出问题 归纳整理 理清路径 完善认知	基于学生已有基础知识和基本技能,设计切实的教学探究性活动:如通过小组互评课前作业,引导学生再次反思构建网络的策略;通过回顾本章核心知识与方法,师生重塑知识与方法体系,共建本章、本单元或本模块的逻辑联系;明确研究某类数学对象的实施路径,最终达到完善学生认知结构、提升"四能"的目的
课后	设计测评 巧设问题 分层拓展	规范作业 自主学习 反思提升	为评价学生对已学基础知识的掌握程度,教师以教材为纲设计课前、课中教学内容的巩固训练,全体学生规范作答。为满足差异化需求,教师分层设计学习任务,引导学生根据自身需求整理课中学习内容、通过自主学习完善认知;最终实现拓展提升,夯实"四基"、发展"四能"、落实素养的目的

三、案例分析——以三角函数章末复习教学片段为例

(一) 内容分析

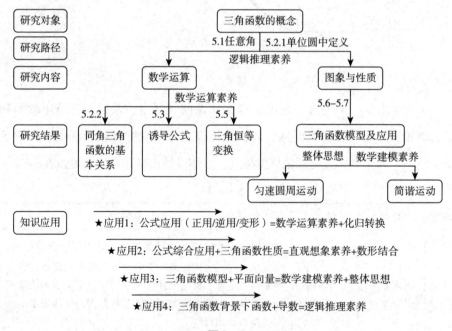

图 8-8

普通高中教科书·数学（A版）必修第一册第五章三角函数，其逻辑关系如图 8 - 8 所示，在高中数学中起到承上启下的作用：在知识上，本章研究一类具有周期性的函数——三角函数，研究内容有三角函数的定义、运算、图象、性质及其应用。在思想方法上，本章充分利用单位圆中三角函数的定义，运用数形结合和化归转换思想研究三角函数的运算和图象；运用整体思想研究了函数 $y = A\sin(\omega x + \varphi)$ 的图象和性质、三角函数模型及其应用。因此，教师在教学中应渗透数学建模思想、关注学科融合、小组合作与课后实践，培养学生的逻辑推理、数学建模、直观想象素养和数学抽象能力。

（二）学情分析

如图 8 - 8 所示，在章末复习教学之前，学生已掌握本章基本概念、基础知识及其简单运用、基本运算策略，如公式的正向运用和逆向运用；理解用整体思想研究三角函数的图象与性质，了解三角函数的两类常用模型，即匀速圆周运动模型和简谐运动模型。但对于三角函数相关运算公式的综合应用、利用三角函数图象与性质研究图象变换、三角函数模型的实际应用及三类知识的交汇、三角函数与函数之间的联系等认知误区或盲区还需深入研究。同时，对于学习能力强的同学可引导其自主研究三角函数与平面向量、三角函数与函数导数的联系。

（三）教学建议

1. 教学目标

笔者认为章末复习教学可围绕知识应用开展教学，教学内容可以围绕数学运算、三角函数的图象与性质的综合应用、三角函数模型、函数与三角函数四个板块设计教学。当然，教师应根据学情需要设置复习教学目标，理清教学重点和难点，培育良好的学习习惯和学科兴趣。

2. 课前教学片段分析

在三角函数章末复习课的教学中，课前教学环节教师按照表 8 - 3 课模开展。教师设置周期性课前作业指导学生自主整理，鼓励学生自建网络，梳理自身存在的认知误点和盲区。一方面，引导学生整体认识本章基础知识、基本思想方法；另一方面，引导学生在后期学习中重视基础知识中的易混易错点，尝试解决认知盲点。

3. 课中教学片段分析

案例1："共建体系、突出联系、确立路径"环节

教师引导学生体验一般观念下研究一类数学对象的方式，如图8-9所示。

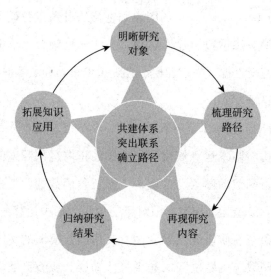

图 8-9

通过"明晰研究对象—梳理研究路径—再现研究内容—归纳研究结果—拓展知识应用"五个环节，让学生了解本章的研究对象是三角函数的概念，即单位圆中三角函数的定义，其中任意角属于预备知识；研究的路径是三角函数的定义—运算—图象—性质—应用；研究内容即三角函数相关的数学运算及其运算策略、函数图象与性质的研究方式；同时，提出三角函数与函数、导数及高等数学知识存在必然联系，引导学习能力强的学生自主学习，培育学生的学科兴趣和自主探究的能力。

案例2："逐级突破核心问题、再现重点难点"环节

以教材典型习题或练习题为研究基础回顾基本方法和知识，结合教材两个及以上的交叉知识，恰当变式题，引导学生基于本质，从知识、思想方法上深度思考逻辑联系，夯实基础，提升关键能力。

例 （选自教材复习参考 5 习题）已知函数 $f(x) = \sqrt{3}\sin 2x + 2\cos^2 x + m$ 在区间 $\left[0, \dfrac{\pi}{2}\right]$ 上的最大值为 6。

（1）求常数 m 的值；

（2）当 $x \in \mathbf{R}$ 时，求函数 $f(x)$ 的最小值，以及相应 x 的集合。

变式 1：（选自教材阅读思考原创）声音是由于物体的振动产生的能引起听觉的波，每个声音都是由纯音合成，纯音的数学模型是 $y = A\sin\omega t$（其中 A 是振幅）。我们平时听到的乐音一般来说并不是一个音在响，而是由多种波叠加而成的复合音。不同的振动的混合作用决定了声音的音色，人们以此分辨不同的声音。已知某声音的函数关系是 $f(x) = a\sin^2 x + \sqrt{3}a\sin x\cos x - \dfrac{3}{2}a + b$（其中 $a > 0$，$b \in \mathbf{R}$），且函数 $f(x)$ 的振幅是 4。

（1）当 $x \in \left[0, \dfrac{\pi}{2}\right]$ 时，函数 $f(x)$ 的最大值是 1，求实数 a，b 的值；

（2）在条件（1）下，求函数 $f(x)$ 图象的对称轴和在（0，π）上的单调递增区间。

变式 2：（选自教材习题改编）已知函数 $f(x) = \sqrt{3}\sin\left(\omega x + \dfrac{\pi}{3}\right) + 2\sin^2\left(\dfrac{\omega x}{2} + \dfrac{\pi}{6}\right) - 1$ 的相邻两对称轴间的距离为 π，$\omega > 0$。

（1）求 $f(x)$ 的解析式和单调递增区间；

（2）将函数 $f(x)$ 的图象向左平移 $\dfrac{\pi}{6}$ 个单位长度，再把各点的横坐标缩小为原来的 $\dfrac{1}{2}$（纵坐标不变），得到函数 $y = g(x)$ 的图象，若关于 x 的不等式 $g\left(x - \dfrac{\pi}{6}\right) > \sqrt{2}m\sin\left(x + \dfrac{\pi}{4}\right) - \sqrt{2}\cos\left(x - \dfrac{\pi}{4}\right)$ 在 $\left[0, \dfrac{\pi}{2}\right]$ 内恒成立，求实数 m 的取值范围。

设计意图： 例 1 选自教材复习参考 5 习题第 22 题，考查了三角函数的最值问题和简单的三角恒等变换，解题的关键是把函数解析式化成标准形式，属于基础题。学生可选择在课前或课中自主完成，为课中研究三角函数的图象与性质、三角函数模型奠定基础。变式1是基于例1的拓展延伸，题目是以例1和教材第五章阅读思考为背景的原创题，属于数学与音乐的融合；考查三角函数模型、函数的最值与单调性、对称性等交汇知识，属于中高档题目。变式2是以教材复习参考5习题第20题为背景的原创题，第（1）问考查简单的三角恒等变换和函数的单调性，属于中低档题目，适合全体学生练习；培养学生的运算能力。第（2）问是函数与三角函数的综合应用，考查了三角函数背景下的任意性问题，对学生逻辑思维、三角恒等变换、运算能力要求较高，属于中高档题目。本题组的设置旨在检验学生灵活应用三角恒等变换公式的能力，运用整体思想解决函数性质、运用化归思想解决函数最值问题，将函数与三角函数密切联系，且体现研究方法的一致性，培养学生数学运算、逻辑推理、直观想象素养、化归转换能力和数形结合、函数与方程思想。

4. 课后教学片段分析

章末复习课课后环节的设置可以分巩固应用和拓展提升两个部分：巩固应用主要对课中教学内容进行平行检测的规范性作业，作业内容是对课中学习的复习巩固，其难度应不超过课中典型例题和变式题的难度。拓展提升主要是对课中学习的延伸，内容在深度和广度上均可以略超越课中学习难度，鼓励学生自主学习，积极参与探究性实践活动。

案例3："巧设问题、分层拓展"环节

作业1：（选自教材习题改编）已知函数 $f(x) = 2\cos\omega x(\sin\omega x + \sqrt{3}\cos\omega x)$
（$\omega > 0$），且 $f(x)$ 的最小正周期为 π。

（1）求 ω 的值及函数 $f(x)$ 的单调递减区间；

（2）将函数 $f(x)$ 的图象向右平移 $\dfrac{\pi}{3}$ 个单位长度后得到函数 $g(x)$ 的图象，求当 $x \in \left[0, \dfrac{\pi}{2}\right]$ 时，函数 $g(x)$ 的最大值。

作业 2：（选自课中变式题改编）已知函数 $f(x) = \sin\omega x\cos\omega x + \sqrt{3}\cos^2\omega x$（其中 $\omega > 0$）的最小正周期为 π。

（1）求函数 $f(x)$ 的单调递增区间；

（2）若关于 x 的不等式 $f\left(x - \dfrac{\pi}{6}\right) > \sqrt{2}\,m\sin\left(x + \dfrac{\pi}{4}\right) - \sqrt{2}\cos\left(x - \dfrac{\pi}{4}\right)$ 在 $\left[0, \dfrac{\pi}{2}\right]$ 内恒成立，求实数 m 的取值范围。

作业 3：实践性作业

请根据你的学习兴趣和需要从以下两个水平的作业中任选一个题目作答，其中查阅文献的作业完成周期为 1 个月。

（注：水平一为简单的情境，题目为基础题；水平二为关联的情境，题目为中档题。）

水平一　简单的情境

（1）（选自教材复习参考 5 习题）英国数学家泰勒发现了如下公式：$\sin x = x - \dfrac{x^3}{3!} + \dfrac{x^5}{5!} - \dfrac{x^7}{7!} + \cdots$，$\cos x = 1 - \dfrac{x^2}{2!} + \dfrac{x^4}{4!} - \dfrac{x^6}{6!} + \cdots$，其中 $n! = 1 \times 2 \times 3 \times 4 \times 5 \times \cdots \times n$。这些公式被编入计算工具，计算工具计算足够多的项就可以确保显示值的精确性。比如，用前三项计算 $\cos 0.3$，就得到 $\cos 0.3 \approx 1 - \dfrac{0.3^2}{2!} + \dfrac{0.3^4}{4!} = 0.9553375$。试用你的计算工具计算 $\cos 0.3$，并与上述结果比较。

（2）请查阅泰勒展式的相关资料，并以泰勒展式与函数、导数的联系为主题，写一篇读后感。

水平二　关联的情境

（1）设 n 次多项式 $T_n(x) = a_n x^n + a_{n-1}x^{n-1} + \cdots + a_2 x^2 + a_1 x^1 + a_0$，$(a_n \neq 0)$，若其满足 $T_n(\cos\theta) = \cos n\theta$，则称这些多项式 $T_n(x)$ 为切比雪夫多项式。例如：由 $\cos 2\theta = 2\cos^2\theta - 1$ 可得切比雪夫多项式 $T_2(x) = 2x^2 - 1$。

① 求切比雪夫多项式 $T_3(x)$；

② 已知方程 $8x^3 - 6x - 1 = 0$ 在 $(-1, 1)$ 上有三个不同的根，记为 x_1，x_2，x_3，求证：$x_1 + x_2 + x_3 = 0$。

（2）请查阅切比雪夫多项式的相关资料，并以切比雪夫多项式的用途为主题，写一篇读后感。

设计意图：为满足差异化需求，本次复习课针对不同认知水平的学生分层设置作业1、2、3。作业1和作业2是对课中学习内容的同一认知水平的检测和巩固，其中作业1难度系数较高，属于基础题；作业2属于难度系数较高、考查知识的交汇，属于中高档题目。作业3属于超市型弹性作业。本文在该部分设置了两个认知水平的作业供学生选取，其中水平一对学生能力要求较低，题目属于基础题；水平二是关联的情境，考查多个知识的交汇，对学生能力要求较高。同时，作业3除对课中知识的巩固外，还需学生课后查阅文献，撰写读后感。水平一选自教材复习参考5习题第26题，考查学生利用信息技术计算，通过数据分析，发现三角函数与函数、导数的联系，考查学生数据分析的能力。教师引导学生课后查阅泰勒公式的相关资料，了解函数、三角函数、和导数之间的联系。水平二设置两个小问，第（1）问是对课中学习内容的巩固应用，考查三角恒等变换、一元二次方程与函数零点的综合应用，考查数形结合、函数与方程思想，考查学生的数学运算、逻辑推理和直观想象素养；第（2）问是周期性实践作业，旨在鼓励学生自主查阅资料，了解高等数学与初等数学的联系，培养学生收集、整理的能力和学科兴趣。

三、结束语

探究性学习是引领学生深度思考、培育数学关键能力的有效教学方式，笔者认为，鉴于章末复习课的功能，以探究性学习的方式开展复习教学是一种值得进一步研究和推广的教学模式。值得思考的是：教师在教学中如何基于教材设计有效的数学探究性活动？基于布鲁姆的学习理论，如何评价教师引领学生高阶思维发展的探究性教学活动的有效性，如何引导学生从大单元角度梳理知识、方法和思维的逻辑联系，通过构建体系、完善认知结构，从而实现夯实基础知识、基本技能、基本思想、基本活动经验（简称"四基"），提升关键能力，培养学生发现问题、提出问题、分析问题和解决问题的能力，最终达到会思考、表达、会辩、会用的目的。

参考文献

[1] 章建跃. 强化思维教学落实核心素养（一）[J]. 中国数学教育（高中版下半月），2023（4）：4-10.

[2] 章建跃. 强化思维教学落实核心素养（二）[J]. 中国数学教育（高中版下半月），2023（5）：4-10.

[3] 中华人民共和国教育部. 普通高中数学课程标准（2017 年版）[M]. 北京：人民教育出版社，2018.

[4] 浦丽俐. 大单元教学观下的章末复习课教学思考 [J]. 数学通报，2022（2）：38-45.

[5] 石志群. 基于"大背景"的章单元建构框架及实施建议 [J]. 中学数学月刊，2020（1）：1-4.

[6] 华婧，任伟芳. 大单元教学观下的章末复习课教学反思：以人教版"复数"章末复习课为例 [J]. 中学数学月刊，2023（6）：1-9.

[7] 文卫星. 指导学生写章末小结的方法和体会 [J]. 中学数学教学参考，2002（2）：21-26.

（本案例获 2023 年四川省数学学科论文大赛一等奖）

例谈高中数学"两头夹逼法"解题策略

四川省绵阳南山中学　张婷婷

美国著名数学家 G·波利亚在《怎样解题》一书中重点阐述了怎样才能想到题目的解答思路，他将解题分为理解题目、拟订方案、执行方案、回顾四个步骤，每个步骤都列举了启发式问题以引导解题者有效解读条件和问题，找到解题思路①。基于 G·波利亚的《怎样解题》策略及笔者自己的教学经验，大多数较难题目可以运用两个启发式问题寻找突破口，一是从条件出发能得到什么；二是从问题出发需要什么。若两个问题同时运用，就是"两头夹逼法"。在探索解答思路的过程中，随着问题的化归转化，循环使用这两个问题，并结合相应基础知识、数学思想方法、母题经验设计启发式问题链，探索完整的解答思路。下面具体阐述该方法在三类题型中的运用。

一、明确运算对象解三角形

解三角形相关问题时，题目往往需要解题者通过解读条件和问题，逐步明确解题过程中所需的运算对象，并计算出这些对象的值才能解决问题。"两头夹逼法"可以帮助解题者想到所需的运算对象，找到题目的突破口。

例1　（2023 年全国甲卷理·第 11 题）已知四棱锥 $P-ABCD$ 的底面是

---

① G·波利亚. 怎样解题［M］. 涂泓，冯承天，译. 上海：上海科技教育出版社，2018：1.

边长为 4 的正方形，$PC = PD = 3$，$\angle PCA = 45°$，则 $\triangle PBC$ 的面积为（ ）

A. $2\sqrt{2}$ B. $3\sqrt{2}$ C. $4\sqrt{2}$ D. $6\sqrt{2}$

该题的一个完整的探索思路需要用到的启发式问题链如下。

问题 1 需要作图吗？能否将已知量标注在图中？

设计意图：将文字语言和符号语言转化为图形语言，改变信息呈现方式，同时关注已知量，利用图象直观解读条件。

问题 2 观察图 8 - 10，要求 $\triangle PBC$ 的面积，还需要知道什么？

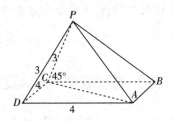

图 8 - 10

设计意图：从问题出发看需要什么，引导解题者将问题化归转化为求 $\triangle PBC$ 的一个内角或边 PB 的长度。

问题 3 已知 $PC = 3$，$\angle PCA = 45°$，底面正方形 $ABCD$ 的边长为 4，能计算什么？

设计意图：从条件出发能得到什么？解题者在基础题型的引导下，易想到求出 $AC = 4\sqrt{2}$，$PA = \sqrt{17}$。

问题 4 由 $PA = \sqrt{17}$ 能求出 PB 的长度吗？还有没用到的条件吗？

设计意图：再次使用"两头夹逼法"，看条件得出的结论与问题能否产生联系，若不能直接产生联系，需要解读还未用到的条件。

问题 5 由条件 $PC = PD$ 能得到什么？

设计意图：由直观感知可以先猜想 $PA = PB$，再进行简要证明，作点 P 在平面 $ABCD$ 内的投影 O，连接 PO，OA，OB，OC，OD，如图 8 - 11，易证 $\triangle POC \cong \triangle POD$，得 $OC = OD$，点 O 为线段 CD 中垂线上的点，由正方形 AB-CD，得 $OA = OB$，进而得到 $PA = PB$。

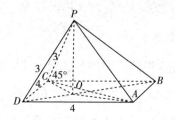

图 8 – 11

问题 6 已知△PBC的三边长，可以求面积了吗？

设计意图：最终将问题化归转化为已知三边求面积的基础题型，结合余弦定理求出一内角，再利用三角形面积公式即可得到答案 $4\sqrt{2}$。

二、探寻辅助线（面）解决立体几何问题

用综合几何方法解决立体几何问题的难点主要是探寻辅助线或辅助面，"两头夹逼法"可以帮助解题者突破这一难点，想到辅助线（面）的作法。

例 2 （人教 A 版必修第二册习题 8.5 第 11 题）已知平面外的两条平行直线中的一条平行于这个平面，求证：另一条也平行于这个平面。

教材中涉及了很多关于定理或推论的证明，均可以采用以下问题联想到辅助线或辅助面的作法。

问题 1 能否用图形语言和符号语言描述题目？

设计意图：同例 1 问题 1，作出图象如图 8 – 12，已知：$a//b$，$a//\alpha$，$b \not\subset \alpha$。求证：$b//\alpha$。

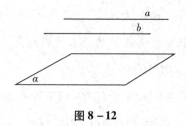

图 8 – 12

问题 2 要证 $b//\alpha$，即证什么？

设计意图：从问题出发，引导解题者联系相关知识，由线面平行的判定

定理，将问题化归转化为证明直线 b 与平面 α 上的一条直线平行。

问题 3 从条件 $a//\alpha$ 出发，能得到什么？能得到线线平行吗？

设计意图： 继续联系相关知识，由线面平行的性质定理，将线面平行转化为线线平行，由此想到需要添加过直线 a 且与平面 α 相交的辅助面，设该辅助面为平面 β，$\alpha \cap \beta = c$，易得 $a//c$，如图 8-13。

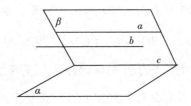

图 8-13

问题 4 现在能完成这道题的证明了吗？

设计意图： 突破辅助面和辅助线的难点后，再结合 $a//b$ 及平行线的传递性，可完成这道题的证明。

例 3 ［绵阳市高 2022 级第一学年期末测试第 22 题第（1）问］如图 8-14，在三棱锥 $P-ABC$ 中，$AB \perp BC$，$BC \perp PC$，$BC = 2$，$PC = \sqrt{6}$，$PA = \sqrt{5}$，点 D 是 PB 的中点，$\angle APB = 45°$，连接 AD，CD。

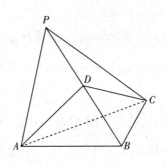

图 8-14

求证：平面 $ACD \perp$ 平面 ABC。

可设计如下启发式问题链，探寻辅助线的作法。

问题 1 要证平面 $ACD \perp$ 平面 ABC，即证什么？

设计意图： 从问题出发，由面面垂直的判定定理，引导解题者将面面垂直化归转化为线面垂直,将重心放在探寻平面 ACD 或平面 ABC 中的哪条线与另一个平面垂直,明确思考方向。

问题2 平面 ACD 或平面 ABC 中的哪条线与另一个平面垂直?如果还未找到,又该从哪里入手呢?

设计意图:引导解题者观察图象,通过直观感知,得出需要作辅助线的猜想,若没有猜想,切换入手点,改为从条件出发,看能得到什么。

问题3 已知 $AB \perp BC$,$BC \perp PC$,$BC = 2$,$PC = \sqrt{6}$,$PA = \sqrt{5}$,点 D 是 PB 的中点,$\angle APB = 45°$,由这些条件能得到什么?或者由这些垂直关系和已知量,能计算什么?如果还是没有思路,可以尝试将这些垂直关系和已知量标注在图中再进行思考。

设计意图:引导解题者根据已知条件,将问题化归转化为解直角三角形或斜三角形。在 $\triangle PBC$ 中,由 $BC \perp PC$,$BC = 2$,$PC = \sqrt{6}$,得 $PB = \sqrt{10}$;在 $\triangle PAB$ 中,$PA = \sqrt{5}$,$\angle APB = 45°$,由余弦定理得 $AB = \sqrt{5}$,又 $(\sqrt{5})^2 + (\sqrt{5})^2 = (\sqrt{10})^2$,故 $PA \perp AB$。因为点 D 是 PB 的中点,得 $AD = CD = \dfrac{\sqrt{10}}{2}$。

问题4 条件是否都完全解读了?如果都完全解读了,由计算出来的数据和相等关系,能否得到垂直关系呢?

设计意图:引导解题者将条件和问题联系起来思考,易发现由 $AD = CD$ 可得 $\triangle ADC$ 是等腰三角形,作线段 AC 的中点 O,连接 DO,则 $DO \perp AC$,由此引出第一条辅助线。

问题5 若将需证明的问题"平面 $ACD \perp$ 平面 ABC"作为已知,结合 $DO \perp AC$,平面 $ACD \cap$ 平面 $ABC = AC$,可得出什么结论?由此能否确定要证明哪条线与另一个平面垂直?

设计意图:由面面垂直性质定理可得 $DO \perp$ 平面 ABC,可以将证明平面 $ACD \perp$ 平面 ABC 的问题化归转化为证明 $DO \perp$ 平面 ABC。

问题6 要证 $DO \perp$ 平面 ABC,即证什么?

设计意图:再次使用"两头夹逼法",关注由条件得出的结论 $DO \perp AC$ 和问题"要证 $DO \perp$ 平面 ABC",引出第二条辅助线,即连接 BO,如图 8 – 15,最终将问题化归转化为证明 $DO \perp BO$。

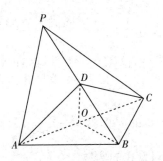

图 8 – 15

问题 7 再次分析已知条件,用什么方法证明 $DO \perp BO$ 呢?

设计意图:引导解题者根据已知条件选择证明方法,很多线段的长度均已知,可计算 AC,DO,BO,BD 的长度,选择用勾股定理证明线线垂直,最终得出完整的证明过程。

问题 8 第二条辅助线还有其他作法吗?

设计意图:还可以取线段 AB 的中点 E,连接 OE,DE,同样可由勾股定理证得 DO 与平面 ABC 上的两条相交直线垂直,体会同一目的的不同实现路径带来的一题多解,积累解题经验。

三、联系几何与代数解决圆锥曲线问题

圆锥曲线问题着重考查数形结合思想、函数与方程思想,解题者需要根据所探究的问题,综合分析"数"与"形",将对几何图形性质的研究转化为对数量关系的研究,或将对数量关系的研究转化为对几何图形性质的研究,同时善于建构方程或函数,借助数学语言,将题目中需要探究的数量关系转化为对方程(组)的解的计算或对函数值域的计算。解题过程中寻找几何与代数的联系,实现"由数到形"或"由形到数"往往是难点,下面以例 4 阐述利用"两头夹逼法"设计启发式问题链,突破难点。

例 4 (2021 年新高考 Ⅰ 卷·第 21 题)在平面直角坐标系 xOy 中,已知

点 F_1 ($-\sqrt{17}$, 0)、 $F_2(\sqrt{17}$, 0), $|MF_1|-|MF_2|=2$, 点 M 的轨迹为 C。

(1) 求 C 的方程;

(2) 设点 T 在直线 $x=\dfrac{1}{2}$ 上,过 T 的两条直线分别交 C 于 A、B 两点和 P,Q 两点,且 $|TA| \cdot |TB|=|TP| \cdot |TQ|$,求直线 AB 的斜率与直线 PQ 的斜率之和。

第(1)问相对简单,C 的方程为 $x^2-\dfrac{y^2}{16}=1$ ($x \geq 1$),我们针对第(2)问的探索过程,设计以下启发式问题链。

问题 1 作出相应图象并思考,从条件 $|TA| \cdot |TB|=|TP| \cdot |TQ|$ 出发,能得到什么?要求得直线 AB 的斜率与直线 PQ 的斜率之和,需要什么?

设计意图:作出相应图象,如图 8-16,引导解题者在数形结合思想和方程思想的指导下,引入未知量,将条件 $|TA| \cdot |TB|=|TP| \cdot |TQ|$ 转化为关于未知量的方程,而要求得直线 AB 的斜率与直线 PQ 的斜率之和,需要关于这两条直线斜率的方程,由此找到解题方向。

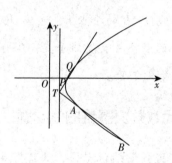

图 8-16

问题 2 $|TA| \cdot |TB|$,$|TP| \cdot |TQ|$ 可以怎样解读?要表示 $|TA| \cdot |TB|$,$|TP| \cdot |TQ|$,需要引入哪些未知量?

设计意图:明确引入未知量的目的。条件 $|TA| \cdot |TB|$,$|TP| \cdot |TQ|$ 可以直接解读为两点间距离的乘积,引入 A,B,P,Q,T 五点坐标。

设 $A(x_1, y_1)$,$B(x_2, y_2)$,$P(x_3, y_3)$,$Q(x_4, y_4)$,$T(\dfrac{1}{2}, t)$,

则 $|TA| \cdot |TB| = \sqrt{\left(x_1 - \dfrac{1}{2}\right)^2 + (y_1 - t)^2} \cdot \sqrt{\left(x_2 - \dfrac{1}{2}\right)^2 + (y_2 - t)^2}$,

$|TP| \cdot |TQ| = \sqrt{\left(x_3 - \dfrac{1}{2}\right)^2 + (y_3 - t)^2} \cdot \sqrt{\left(x_4 - \dfrac{1}{2}\right)^2 + (y_4 - t)^2}$ 。

问题 3 $|TA| \cdot |TB|$ ，$|TP| \cdot |TQ|$ 的表达式中的未知量能否减少？如何出现问题中涉及的直线 AB 的斜率与直线 PQ 的斜率？A，B，P，Q，T 之间还有什么几何关系？能否将这种几何关系转化为未知量之间的关系？

设计意图：再次使用"两头夹逼法"，明确下一步的思考方向是通过将点、线间的几何关系转化为数量关系，实现消元。

由 A，B，T 共线，设直线 AB 的方程为 $y - t = k_1\left(x - \dfrac{1}{2}\right)$ ，则 $y_1 - t = k_1\left(x_1 - \dfrac{1}{2}\right)$ ，$y_2 - t = k_1\left(x_2 - \dfrac{1}{2}\right)$ ，将其整体代入 $|TA| \cdot |TB|$ 中，得到 $|TA| \cdot$

$|TB| = (1 + k_1^2) \cdot \left|x_1 - \dfrac{1}{2}\right| \cdot \left|x_2 - \dfrac{1}{2}\right| = (1 + k_1^2) \cdot \left(x_1 x_2 - \dfrac{x_1 + x_2}{2} + \dfrac{1}{4}\right)$ （ ＊ ），

再由点 A，B 是直线 AB 与双曲线的交点，联立 $\begin{cases} y = k_1 x + t - \dfrac{1}{2}k_1, \\ 16x^2 - y^2 = 16, \end{cases}$ 消去 y 并整

理可得 $(k_1^2 - 16)x^2 + k_1(2t - k_1)x + \left(t - \dfrac{1}{2}k_1\right)^2 + 16 = 0$ ，由韦达定理可得

$x_1 + x_2 = \dfrac{k_1^2 - 2k_1 t}{k_1^2 - 16}$ ，$x_1 x_2 = \dfrac{\left(t - \dfrac{1}{2}k_1\right)^2 + 16}{k_1^2 - 16}$ ，将韦达定理代入（ ＊ ）式得

$|TA| \cdot |TB| = \dfrac{(t^2 + 12)(1 + k_1^2)}{k_1^2 - 16}$ 。

设直线 PQ 的斜率为 k_2 ，同理可得 $|TP| \cdot |TQ| = \dfrac{(t^2 + 12)(1 + k_2^2)}{k_2^2 - 16}$ 。

问题 4 现在能由 $|TA| \cdot |TB| = |TP| \cdot |TQ|$ 得出斜率的关系了吗？

设计意图：通过几何与代数的联系，将条件和问题联系起来，最终解决

问题。$|TA| \cdot |TB| = |TP| \cdot |TQ|$ ，即 $\dfrac{(t^2 + 12)(1 + k_1^2)}{k_1^2 - 16} = \dfrac{(t^2 + 12)(1 + k_2^2)}{k_2^2 - 16}$ ，

整理可得 $k_1^2 = k_2^2$，即 $(k_1 - k_2)(k_1 + k_2) = 0$，显然 $k_1 - k_2 \neq 0$，故 $k_1 + k_2 = 0$。因此，直线 AB 与直线 PQ 的斜率之和为 0。

问题5 条件 $|TA| \cdot |TB|$，$|TP| \cdot |TQ|$ 还可以怎么解读？

设计意图：体会同一对象的多重解释，带来一题多解，方便解题者反思总结，优化解题思路。如 $|TA| \cdot |TB|$，$|TP| \cdot |TQ|$ 还可解读为 $\overrightarrow{TA} \cdot \overrightarrow{TB}$，$\overrightarrow{TP} \cdot \overrightarrow{TQ}$，后续解法与前面一致；$|TA|$，$|TB|$，$|TP|$，$|TQ|$ 还可解读为直线参数方程中参数的几何意义，设出直线 AB 与直线 PQ 的参数方程，分别与双曲线方程联立，由韦达定理得参数乘积的表达式，即 $|TA| \cdot |TB|$，$|TP| \cdot |TQ|$ 的表达式，再由相等关系得到倾斜角关系，进而得到斜率之和，此方法相对前面的方法，运算量更小。

"两头夹逼法"本质是证明方法中的综合法与分析法的结合，以引导解题者在探索解题思路时始终关注已知和问题的联系为目的。同时解题者掌握相应的基础知识、基本思想方法、基本技能，是灵活使用该方法的前提，若积累足够的母题经验和同一对象的不同解读方式，"两头夹逼法"还有更广泛的应用。